普通高等教育跨境电子商务方向系列教材

跨境电子商务案例

逯宇铎 陈 璇 孙速超 编

机械工业出版社

本书突破以往教材重理论轻实践的现状，以现今国内外最具影响力的网易考拉、天猫国际、敦煌网、海囤全球、全球速卖通、小红书、环球华品、亚马逊（Amazon）、eBay、Wish、兰亭集势、出口时代这12家优秀跨境电商平台为例进行编写，内容全面，特色鲜明。

本书可作为高校"跨境电子商务"课程的参考书，也可供社会读者参考。

图书在版编目（CIP）数据

跨境电子商务案例 / 逯宇铎，陈璇，孙速超编 . —北京：机械工业出版社，2019.10

普通高等教育跨境电子商务方向系列教材

ISBN 978-7-111-63775-2

Ⅰ . ①跨⋯　Ⅱ . ①逯⋯ ②陈⋯ ③孙⋯　Ⅲ . ①电子商务 – 案例 – 高等学校 – 教材　Ⅳ . ① F713.36

中国版本图书馆 CIP 数据核字（2019）第 217184 号

机械工业出版社（北京市百万庄大街22号　邮政编码 100037）

策划编辑：常爱艳　责任编辑：常爱艳　孙司宇

责任校对：梁　倩　封面设计：鞠　杨

责任印制：李　昂

唐山三艺印务有限公司印刷

2020年1月第1版第1次印刷

184mm×260mm・12印张・239千字

标准书号：ISBN 978-7-111-63775-2

定价：39.00元

电话服务	网络服务	
客服电话：010-88361066	机 工 官 网：www.cmpbook.com	
010-88379833	机 工 官 博：weibo.com/cmp1952	
010-68326294	金 书 网：www.golden-book.com	
封底无防伪标均为盗版	机工教育服务网：www.cmpedu.com	

前 言

PREFACE

21 世纪以来，现代互联网信息技术发展突飞猛进，与传统行业不断碰撞、融合，并广泛应用于各个领域。互联网技术与贸易的融合推动了电子商务的飞速发展，也为国际贸易开辟了新途径。跨境电子商务的发展打破了传统国际贸易的模式，实现了国际供货商与消费者的 B2C 的交易新模式。

随着国际贸易模式的改变，传统外贸人才已不能满足国际贸易的需求，跨境电商领域需要一大批既了解国际贸易知识又熟悉跨境电商平台运营规则的新型实操型人才。但近年来，国内各大高校对跨境电商人才的培养多注重理论知识，实操能力培养不足，导致毕业生对实际问题的处理能力不足，影响了我国跨境电商业务的快速发展，这一问题亟待解决。

本书突破以往教材重理论轻实践的现状，以现今国内外最具影响力的网易考拉、天猫国际、敦煌网、海囤全球、全球速卖通、小红书、环球华品、亚马逊（Amazon）、eBay、Wish、兰亭集势、出口时代这 12 家优秀跨境电商平台为例进行编写，内容全面，特色鲜明。

本书具体内容从以下几个方面展开：

（1）从每一家电商平台的简介出发，回顾平台的发展历程，总结其与其他平台的不同之处，为读者全方位了解平台发展提供支持。

（2）深入剖析不同跨境电商交易平台的商品定位、价格战略、营销手段、广告发布、物流仓储、售后服务、支付手段、租金手续、人才培养等，为读者全方位把握跨境电商的运营模式及盈利模式打开思路。

（3）收集各平台的用户注册、产品发布、禁止事项、评价机制、放款时间、售后服务等交易规则，使读者更深入地了解平台为交易双方的安全、诚信等提供的保障。

（4）对各平台的进一步发展动向及未来发展趋势进行分析和介绍。

本书的突出特点体现在以下几个方面：

（1）广泛性与代表性相结合。所选平台既有进口为主的平台，又有出口型平台；既有我国影响力深远的优秀平台，又有国际领先的知名平台，覆盖范围广泛。同时，所选平台在所属范畴具有鲜明的代表性。

（2）全面性。对跨境电商涉及的问题进行了全方位的示例探讨，内容的全面性特点突出。

（3）发散性。各章结束都配备有启发性思考题，对读者的发散思维起引导作用。

本书的编写人员都是高校从事"跨境电子商务"课程教学和科研的教师，分工如下：由逯宇铎教授制定大纲，陈璇副教授和孙速超副教授负责案例编写，最后由逯宇铎教授负责统稿。

本书在编写过程中得到了相关平台的大力支持，在此对各平台表示真诚的感谢。同时也参阅了大量资料，在此对所有作者表示深深的感谢。

由于编者水平有限，书中难免有不当之处，敬请读者批评指正。

编　者

目 录

CONTENTS

网易考拉

一、网易考拉简介

（一）网易考拉介绍

网易考拉（原名网易考拉海购）是网易旗下以跨境业务为主的综合型电商，于 2015 年 1 月 9 日公测。品牌成立之初，"网易考拉海购"的命名主要从动物考拉天性慵懒的特性出发，将自身定义为"让用户赖在家中就能够买到海外最流行商品的海购平台"。网易公司创始人兼 CEO 是丁磊先生。网易考拉 CEO 是张蕾女士。网易考拉标志见图 1-1。

图 1-1　网易考拉标志

（二）网易考拉发展历程重大事件

2015 年 1 月 29 日，网易考拉海购开卖智利车厘子，实现跨境电商生鲜第一单。

2015 年 6 月 28 日，网易考拉海购宣布成立日本分公司。

2015 年 9 月 6 日，网易考拉海购 2.0 版 App 登陆苹果商店，以场景化的创新体验开辟行业先河。

2015 年 9 月，网易考拉海购启动"欧洲行"，先后与卡夫亨氏、雀巢惠氏、欧洲连锁商超巨头 Delhaize 达成战略合作。这也是网易考拉海购首次邀请用户参与体验海外直采过程，深入探访欧洲食品企业工厂、总部。

2015 年 10 月 23 日，网易考拉海购宣布上线 9 大国家馆。

2015 年 12 月 12 日，网易考拉海购宣布推出生鲜业务——乌拉圭进口牛肉，实现经由保税仓储发货的跨境电商进口牛肉商业第一单。

2016 年 2 月 21 日，网易考拉海购支持用户使用 Apple Pay，成为首批支持 Apple Pay 服务的以自营为主的跨境电商平台。

2016 年 3 月，亚马逊全球物流中国与网易考拉海购正式签署合作协议，通过"亚马逊物流 +"为网易考拉海购提供仓储运营服务。

2016 年 3 月 29 日，网易考拉海购宣布正式上线。

2017 年 11 月 22 日，网易考拉海购与中信银行信用卡中心、中国移动、丰巢、花间堂、罗森、什么值得买、小猪短租、翼支付等 9 家企业在杭州宣布共同成立"美好生活联盟"。

2017 年 12 月 26 日，网易考拉海购与文化精品度假连锁酒店花间堂达成战略合作，首次公布了网易考拉·全球工厂店项目细节。

2018 年 2 月，网易考拉海购首家线下店在杭州正式开业。

2018 年 6 月，网易考拉海购宣布更名为"网易考拉"。

2018 年 7 月 3 日，网易考拉与中葡电子商务商会在澳门经济局正式签署战略合作协议，在网易考拉开设"澳门地区馆"界面。

2019 年 1 月，网易考拉全国首家线下旗舰店揭开帷幕，这是网易考拉在杭州开设的第二家线下店，也是首家旗舰店。据了解，网易考拉线下店或将覆盖至全国，让更多消费者获得"一店买全球"的线下消费新体验。

作为网易考拉最新"美好生活样板间"，该旗舰店选址定在杭州的湖滨商圈，总面积近 700m²，上下两层均为沿街独栋。周边平均客流量达到 8 万 ~ 10 万人 / 天，直线距离 300m 外的西湖景区，在"十一"国庆高峰期接待游客量达到 83 万人 / 天。

网易考拉 CEO 张蕾表示，2019 年网易考拉将在全国开设 15 家线下店，为更多消费者带去集零售、体验、交流为一体的购物场景新体验。

（三）网易考拉更名战略

长期稳固在跨境细分市场榜首位置后，网易考拉已从"正品""好货""低价"等传统海淘竞争关键词中脱颖而出，不断延展出包括精品制造、线下消费等各种可能性，因此，品牌的更名与升级恰逢其会。2018 年 6 月，网易考拉海购宣布更名为"网易考拉"，宣告进军综合电商市场。

从"网易考拉海购"更名为"网易考拉"，并不是去跨境化，而是进一步拓展业务外延。如果说进口商品代表了中国消费者对于更好品质生活的向往，那么今后的网易考拉提供给用户的精选商品将不再局限于进口商品，而是包括中国在内的全球高品质制造。例如网易考拉此前推出的全新业务——全球工厂店，其中就不乏优质中国制造与世界顶级资源强强联手诞生出的优异商品。因此，未来的网易考拉将不仅是一个跨境电商平台，更是一个汇聚全球品质精品的综合电商平台。

此外，将"网易考拉海购"更名为"网易考拉"的原因，还不止是从跨境电商向综合电商进军的转变，网易考拉希望用户更关注品牌的核心价值也是其中的重要原因。网易考拉相关负责人表示："考拉是一种独一无二的动物，它具有多种有趣的习性，例如偏食、一天只有2小时清醒、对自己喜爱的树木抱着不放、仅仅是闻到桉树气息就能获得准确信息等，这些特性与我们用户的消费行为十分相像，他们对于消费有着十分明确的喜好、只关注必要的信息、对喜爱之物无限追求、了解并擅长介绍自己感兴趣的内容等，因此，我们希望强化大众的这一共性认知。"

除品牌名称更新外，全新启用的宣传语也体现了同样的思维变化。此前，网易考拉曾使用过"进口好货当地价"等宣传语，更多地强调"海淘"属性和价值利益点，但"我的美好世界"，则更强调与用户在物理和情感层面的双层认可，"我们希望传达的信息是，每个人都是一个世界的中心，他值得拥有全世界的好商品，缔造属于自己的美好生活。"网易考拉相关负责人如此介绍其中的变化，"这也与丁磊先生提出的'新消费'一脉相承，零售离不开人，所有零售形式的演变，都源于对用户需求的理解，这是一切的原点。"

二、网易考拉运营模式

传统企业的运营模式包含运营过程和运营系统。运营过程是一个投入、转换、产出的过程，是一个劳动过程或者价值增值的过程，而运营系统是指上述变换过程得以实现的手段。企业运营模式最基本、最主要的职能就是技术、财务、生产运营、市场营销以及人力资源管理。随着电子商务的兴起，跨境电商的运营模式被赋予了新的、更高的要求，出现了如支付安全与国际物流运输等符合行业特色的新要素。

（一）提供高质量正品商品

2018年6月14日，全球领先的新经济行业数据挖掘和分析机构 iiMedia Research（艾媒咨询）权威发布了《2018上半年中国跨境电商正品调研专题报告》。报告显示，网易考拉以8.71分的高分位列跨境电商正品信任度第一，其次是亚马逊海外购和天猫国际，分别达8.60分、8.53分。网易考拉自创立以来，坚持采取全球正品自营直采的模式，凭借高品质商品迅速在消费者心中建立良好口碑，并保持网易考拉跨境业务高速发展，成为跨境电商平台正品信任度第一的电商平台（见图1-2）。

数据显示，截至2017年年底，中国海淘用户规模已达0.65亿人。在消费升级的大环境下，用户对跨境商品消费需求逐年增加，在海淘用户选择跨境电商平台因素中，正品保障关注度高达55.4%。艾媒咨询分析师认为，正品保障一直是跨境电商平台存在的痛点之一，如何解决正品问题、提升海淘用户对商品的正品信任度，是跨境电商平台急需突破的瓶颈。

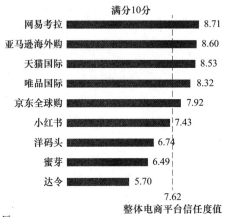

图 1-2 海淘用户对跨境电商平台正品信任度分析

业内人士表示：网易考拉以 8.71 分位列跨境电商平台正品信任度第一，绝非偶然，以全球正品自营直采的模式，强管供应链，并寻求全球范围内的优质品牌商和连锁商超的合作。据相关报道，网易 CEO 丁磊先生在网易考拉成立之初，还亲自带队远赴日韩拓展美妆、母婴等品类的优质品牌商。2017 年，网易考拉先后在欧洲、美洲等地宣布超过百亿美元的全球采购计划，到 2018 年，网易考拉保持了其与海外品牌商合作升级的态势，与数十家国际知名品牌签署战略合作协议，其中包含德国护肤巨头拜尔斯道夫集团、英国皇室御用商超 Waitrose 等。

据悉，网易考拉不仅直接与海外知名品牌达成战略合作，夯实上游供应链，还首创了入仓全检、全程可溯源的模式，打造正品跨境电商平台。行业人士分析，网易考拉主打全球正品自营直采模式从源头上杜绝假货，再加上入仓全检的环节，有效保障了售前跨境商品的正品品质，为用户提供优质的购物体验，树立起正品信任度口碑。

网易考拉坚持不断从海外原产地采购，布局海外仓和国内保税仓，打造国内首个正品监管体系，保障正品品质，为新消费时代下的中国消费者搭建了一个海购全球正品无忧的跨境电商平台。

1. 网易的口碑对网易考拉的背书

在过去的 20 年里，网易游戏、教育、音乐、阅读、社交等各个领域的产品都形成了"网易出品，必属精品"的公众认知，而"网易"则成了有态度和品质的代名词。

2. 网易考拉纯自营直采模式

网易考拉十分注重加强全球战略品牌布点，坚持自营直采 B2C 模式和精品化运作理念，将目标用户锁定在追求高品质的中产阶级用户。网易考拉通过专业团队深入北美、欧洲、日本、韩国等海外商品原产地进行采购，并在全球近十个国家和地区设立了分公司和办事处，还直接与海外品牌方、优质经销商和大型连锁商超等建立密切的合作关系，网易考拉精选全球顶级品牌货品，并对所有供应商资质进行严格审核，设置了严密的复核机制，在源头上杜绝假货。同时，自营直采省去中间环节，直接对接优质品牌商和供应商，增强了平台的竞争力。

3. 正品承诺

网易考拉是电商行业史上第一个立下最严格的正品保障"军令状"的平台。通过一系列超行业操作标准的承诺和举措，如全品类一线采购代表宣言、十二道正品保障等，将网易考拉正品直采的信念传递给消费者。

2017 年 3 月 8 日，网易考拉与国家检测中心达成了跨境电商质检合作，双方会在信息互通、数据共享、质量共治、协同处置等机制以及信息发布合作等多个方面展开联动共治合作。网易考拉与国检机构的合作将加强对平台商品的质量保障；除此以外，网易考拉还与杭州、宁波等地的海关联合开发二维码溯源系统，让商品的流通环节对消费者清晰可见，确保商品品质。

4. 向消费者"直播正品直采之旅"，树立正品直采的品牌形象

网易考拉不仅邀请核心用户直接去品牌方总部、海外工厂参观体验，而且和第三方权威平台合作，用"直播"的形式让用户真实地看到、感受到采购流程。如 2016 年"双 11"大促前，网易考拉联合国内知名消费决策平台"什么值得买"举办了"走进网易考拉海购——直播见证全球正品"活动，"什么值得买"团队和用户代表共同见证了网易考拉运营、仓配等多个环节，他们还被邀请前往花王、UCC 咖啡等日本顶级品牌总部。很多用户去后都会自发地为网易考拉宣传，成为平台的种子用户。

（二）提供高性价比产品

1. 最大限度压缩中间环节的费用

网易考拉直接对接海外品牌方和优质经销商，直采商品在海关和国检的监控下，储存在我国国内保税区或是网易的海外仓，省去了商品在国内外各级批发商之间辗转的费用，使其能更快速地到达消费者手中，能为消费者节省 20% ~ 44% 的成本，而考拉只从中收取部分附加的运营成本（见图 1-3）。

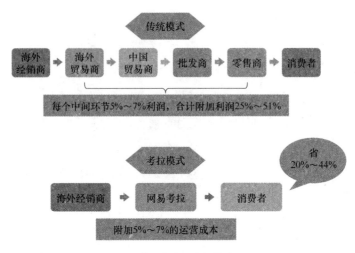

图1-3 传统模式与考拉模式对比

2. 批量直采，形成"海外批发价"

凭借网易的雄厚财力支持，网易考拉能够实现大规模批量采购，从而牢牢把握商品定价权，保证国内消费者能够以等同或接近批发价的价格购买到优质商品。

3. 税收优惠

一般贸易进口模式下的商品需要缴纳关税、增值税、消费税等税务，而跨境电商却能享受国家的税收政策优惠，进口商品只需要交行邮税，从而形成了一定的价格优势。自2017年，我国实施跨境电商新政，取消了行邮税，改征"跨境电商综合税"。新政实施之前，大多数商品可以通过拆包的方式规避行邮税，实际上承担的行邮税是零。但新政实施后，综合税率达到11.9%。即便如此，相对传统进口商品，网易考拉作为跨境电商仍然可以享有限额内零关税、增值税和消费税7折的待遇。

（三）多渠道开发新用户

1. 自有流量的内部挖掘

网易考拉媒体型电商的媒体基因，与网易大平台共通着海量的用户。网易旗下的产品涉猎游戏、教育、音乐、阅读、社交等多个领域，这些产品几乎覆盖了中国的所有网民用户。据统计显示，网易集团背后坐拥着7亿的用户，而这些忠实用户都是网易考拉可转化的高质量目标用户。网易也对庞大的用户群进行数据分析，并根据不同渠道的特点，精准推送相匹配的商品内容，通过精细化的流量运营来提升每一个环节的购买转化率，把流量用到极致。比如在网易云音乐中，会推送爆款的美妆用品；而在男性用户集中的网易游戏中，则会出现人气高涨的游戏耳机。自有流量的超高转化，为网易考拉带来了可观的新用户增长。

2. 不断升级的社交拉新裂变机制

为了调动用户口碑力量，网易考拉设计了全链路的社交拉新机制，并基于此实现了快速扩张。以已有用户为核心，网易考拉平台以全面覆盖购买流程及非购买流程的社交机制，全程激励用户在他的朋友圈内进行推荐及分享。这种全链路的机制设置，使得用户规模得以不断裂变，并获得良性循环。

从最初的"邀请好友，立刻赚钱"，到"拼团功能"，再到"分享赚钱"，网易考拉的社交拉新机制在不断升级。购买前，用户可以分享新人红包领取优惠，好友接受邀请成功购买后，还可以再获得新红包；购买过程中，网易考拉还提供了拼团、砍价等社交玩法，鼓励用户分享；购买后，用户还可以继续获得红包并发送给好友。通过多种多样的玩法，网易考拉让"分享"这一行为渗入用户购买全程。便利并且覆盖购物全链路的分享机制，为网易考拉带来了大量新用户，同时也刺激了优惠券的使用率，提高了用户复购率。

3. 利用媒体资源拓展新用户

利用丰富的媒体资源，以榜单、直播、场景化执行"媒体力"，帮助国外合作伙伴宣传、推广品牌，将海外优秀的产品介绍给国内消费者，在提升国外品牌在中国的品牌知名度的同时满足国内用户的个性化需求，让用户在购物的同时，加深对国外品牌的认知，升级国人生活方式。

2016 年 10 月，网易考拉开始采取另类新媒体营销方式——网络直播。网络直播的一大特性就是受众互动性，直播双方在直播过程中频繁互动，以此加深了主播与粉丝的亲密度，利用这一亲密度，主播能更容易地培养受众偏好，为市场推广做准备。通过直播实时互动的网络营销，也是新媒体时代独特营销方式的一种体现。新媒体营销的核心在于：降低成本，扩大覆盖，提高影响，促发行动。网络直播完美地展现了新媒体营销的核心，不仅为企业带来了利润，也提升了企业的知名度与信誉。

微博、微信作为目前社会化媒体的两大巨头，它们的传播影响是每个人都看得到的，网易考拉也有自己的微博和微信公众号，不定期推荐产品，通过用户的评论，即时了解用户的需求，为用户答疑解惑。网易考拉在微博内容的发布上也采用了制造话题的方式，其主要话题就是它的宣传语"我的美好世界"，通过不同商品的推荐制造不同的话题，更能引起消费者的关注；同时，网易考拉利用微博为"618"狂欢节造势，在微博内容上，它将大力度的优惠信息发布在上面同时还分享了 App 领券的链接。从优惠信息来看，引起了更多商品需要者的兴趣。所以，即便不是通过浏览官方网站、下载 App 的方式也可以通过媒介融合来达到网络媒体营销的效果。

4. 通过异业合作开发新客户

网易考拉已经与招商银行、万达院线、滴滴出行、凤凰知音等众多重量级异业巨头达成战略合作,实现资源的跨界置换。如网易考拉为开拓男性客户群,在《魔兽》大电影上映期间,用户至万达电影院现场购票观影,就可获得网易考拉魔兽宝箱抽奖券一张。通过这一活动,全国超过 300 家万达院线的数千万用户有不少都成了网易考拉的优质客户。

(四)综合服务

1. 发货及时率高

在跨境电商行业,一个包裹的出库涉及的环节特别多,需要推单、申报海关审核、打单、拣选、复核、称重、交接等环节,信息交汇涉及电子口岸、快递、仓库、电商。任何一个环节的不顺畅,都可能导致订单生产延误。目前,在跨境电商行业内,当天发货及时率的平均水平是 99.95%,超过 99.97% 的已经屈指可数,而网易考拉当日订单发货及时率高达 99.98%。

2. 送货极速

网易考拉采用的是保税进口模式,商品被提前备货至国内保税仓,用户购买时直接从中国的保税仓发货,大幅减少了国际物流时间成本,因此,配送速度快。从 2016 年 5 月开始,网易考拉还率先推出了次日达业务,成为国内首家实现此业务的跨境电商平台,打破了用户对跨境电商物流慢于国内电商的传统认知。

3. 商品错发率低

对于电商而言,仓库不管多发、少发还是漏发,对用户、自身而言都会造成或大或小的损失。网易考拉正逐渐淘汰人工作业,采用智能化作业。由机器人自动排序到作业岗位,颠覆了传统电商物流中心"人找货"的模式,以此降低仓库多发、少发、漏发等发货错误率。同时,增加复核环节,复核货品时采用条形码、二维码扫描,不像一般商家选用肉眼方式进行查验,在此环节错误率基本为零。我国其他主流跨境电商的商品错发率为万分之五,网易考拉的商品错发率仅为万分之三。

4. 用户破损投诉率低

一件商品从入库到出库最后到达用户手中的完整度,是考量电商服务水平的重要标准。网易考拉的用户破损投诉率低至万分之八,远低于行业的千分之三。原因是:第一,网易考拉根据商品的类别和特性制定了严格的质检及收货标准。比如奶粉罐体的凹陷不得超过褶皱,凹陷的直径不能超过 2 厘米,宽度不能超过 2 毫米。第二,网易考拉为了保证商品破损率趋于最低,对海外商品进行全检而非业界跨境电商普遍采用的抽检,成为中国首家推出此措施的跨境电商。商品到达保税仓时,工作人员会对每一件商品的有效期、包装完整性等维度逐一进行检查,规避瑕疵品和过期产品,减少因瑕疵品和包装变形等原因引起用户体验差的情况。第三,网易考拉是首家支持"全品类恒温储存"的跨境电商。网易考拉为了避免夏季高温对商品造成的不利影响,斥巨资建造了超 5000m² 的恒温仓库,2016 年 6 月底已启用。例如,软糖、果泥、胶囊等对温湿度较为敏感的商品被分门别类地存储于恒温仓中,全天无休的恒温装置将商品控制在最适宜的状态,最大程度减少商品质变情况的发生。

(五)多样化、有创意的营销手段

在传统营销时代,品牌凭借大流量曝光便能引起关注。然而,现代人生活在一个物质大爆发且同质化严峻的时代,媒介渠道分散,用户注意力下降,广告效果被大幅稀释,单纯的"广告 + 流量"已然不能让消费者全盘接受,常规营销手段越来越难以取悦消费者。网易考拉的营销团队凭借对用户的精准洞察,制定了精细化的市场推广策略,从而构建了一个庞大而有效的营销生态圈。

1. 利用"榜样效应"带动消费

(1)明星战役。

在重大节日,网易考拉会联合众多明星一起做用户活动。如 2018 年在"618"前夕,网易考拉邀请综艺节目《奇葩说》六大人气辩手马薇薇、肖骁、范湉湉、大王、傅首尔和刘凯瑞进驻网易考拉。六人将陆续分享"什么值得买""去年 618 我买了什么",从内容角度为网易考拉"618"年中大促"618 美好世界狂欢节"宣传预热。实际上,明星分享自己的私用好物在近年已成流行。除了普通观众们对明星光鲜亮丽的生活充满了好奇,关心明星的衣食住行之外,通过分享自己的日常,明星也能与自己的粉丝拉近距离,赢得好感。因此,范湉湉的"瘦身心得"、傅首尔的"酸奶罐制作小技巧"等内容在网易考拉的"种草社区"上一经发布,立即获得了上千条点赞及评论。

据网易考拉相关工作人员介绍,选择与米未传媒的这几位艺人合作,是因为考虑到他们表达能力很强,可以高频地产出与自己相关的内容。并且,他们又各有各的特点,马薇薇不仅是个金句女王,她也是一个对生活品质要求很高的人,是个隐藏的海淘达人;范湉湉在瘦身和美食方面都很有经验;肖骁是个护肤狂人,超爱护肤;傅首尔在母婴育儿方面很有心得;大王是个少女心段子手;刘凯瑞很爱运动和健身。他们的生活方式各有亮点,各有不同。现在的用户对高质量的生活方式是有追求的,希望有品质生活的样板出现。这也是现在明星分享生活私物节目这么火的原因。

（2）老总亲历诚心推荐。

在网易考拉上，网易 CEO 丁磊开设了一个名为"三石哥的私物精选"的个人专栏，每周都会推荐他亲自挑选、亲身试用过的好商品，通过讲述自己跟产品的故事来为自家产品做宣传。基于对这位网易"头牌网红"的信任以及对"丁磊同款"的追求，被推荐的商品购买转化往往比其他商品更有优势，销量增长非常明显，单期销量有一期竟超日常 90 倍。

2. 内容营销，引发消费者共鸣

在传统营销时代，品牌凭借大流量曝光便能引起关注，然而在碎片化的今天，媒介渠道分散，用户注意力下降，广告效果被大幅稀释，单纯的"广告 + 流量"已然不能让消费者全盘接受。所以，内容营销便成了当下特别流行的营销手段。

在 2018 年 1 月《爸爸去哪儿 5》节目中，网易考拉从对受众生活深刻的洞察，了解到中国大部分家庭的生活状态，直言不讳地揭露出"不担当"的隐形爸爸群体。通过吐槽式采访，引出"丧偶式育儿"的话题，一时间引发话题舆论，同时，结合宝宝家庭中的各种生活场景，制作一系列品牌海报，最终引导到自身品牌、产品之上，为了让整个事件不止停留于节目中，网易考拉又联合小猪短租，打造出四大风格的考拉"洋屋民宿"，邀请众多父子参与，与受众达成情感共识。通过这样的方式，不仅在过程中给人展现出了网易考拉商品的高品质，而且通过设置亲子游戏环节，也让爸爸们体验到了一直以来所憧憬的生活方式。

网易考拉在消费升级大趋势下，将电商一贯以来售卖品质的重心，转移到售卖美好生活上。从而让人对网易考拉品牌的好感倍增，也让人更愿意为这样的品牌买单。

让网易考拉的形象变得更加生活化，彻底打破了品牌与消费者之间的隔阂，从只存在金钱的"买卖关系"，升华变成了我更懂你的"好朋友关系"。

3. "组合拳"营销

2018 年，网易考拉"618 美好世界狂欢节"基于品牌宣传语发散创意，强调人与世界好物之间的情感联结，同时借势世界杯和父亲节，打通类目、运营资源，共同发力打造狂欢节。

网易考拉推出沙画事件营销，与春晚沙画艺术家方浪浪合作，完成世界杯主题沙画视频、沙画 H5 和人物采访视频，并将其投放至媒体官微、娱乐官微、热门自媒体等平台；在 6.16—6.18 期间，推出以"给 20 年前爸爸的一封信"为主题的父亲节 H5，在官方公众号、官方微博等平台上线，以情感营销作为销售入口；通过在官微发布的 3 幅 GIF 海报（美妆、母婴、运动）和 7 张平面海报，网易考拉将产品组合、使用场景、人群特点结合，为网友营造美好的生活场景。

世界杯与沙画的结合十分创新，能充分引起网友好奇，结合多方位投放，容易产生裂变式传播；借势父亲节容易使网友产生共鸣，营造良好的品牌形象，同时利用 H5 能打开新的流量入口；海报根据网易考拉板块、针对不同类型人群打造多个场景，刺激网友的消费需求，形成较高转化率。

除了大面积的户外、电视、在线视频广告外，网易考拉集中火力通过情感营销、品牌联合营销、线下事件营销的三套组合拳，收获了巨大的传播量。

（六）积极践行"一带一路"国家倡议

2015 年年底，网易考拉与中国中央电视台合作拍摄了"一带一路"系列纪录片，第一次还原了一个乳胶枕从原材料到制成品，再到中国消费者手中的全部过程。节目播出后，截至 2016 年 1 月，网易考拉平台上各国乳胶枕商品的销量同比增加了 250%。网易考拉与中央电视台的合作，不仅实现了网易考拉销售额的增长，也进一步促进了其与泰国品牌的合作。2017 年 10 月，网易考拉与泰国乳胶寝具品牌 TAIPA TEX 进行了品牌战略合作签约。2017 年，网易考拉与"一带一路"沿线国家的合作品牌数达到了 279 个，其中合作品牌数最多的国家就是泰国，累计达 86 个。

网易考拉的运营模式以网易原有的品牌效应和客户量作为推广的第一步，开拓用户；用正品保障、低税收、低价格优惠提升用户体验，从而留住用户；同时多方合作扩大用户人群，多种营销方式组合唤醒信赖用户，提升品牌知名度；最后不断通过全球性的战略布局，与全球一线品牌商和顶级供应商合作来使其自身逐渐成长成为全品类、全人群的综合性跨境电商平台。

三、网易考拉盈利模式

在"新消费"兴起下，网易考拉自 2015 年 1 月正式上线公测以来，凭借精耕细作打造的"精选 + 极致质价优 + 用户忠诚度"的"考拉模式"，用不到 2 年的时间在市场销售额、正品信赖度、用户满意度、综合竞争力等多方面蝉联全行业冠军。截至 2018 年 6 月 30 日，网易考拉与天猫国际和京东全球购分居跨境电商市场份额前三。据艾媒咨询（iiMedia Research）研究报告，2018 年上半年，网易考拉第 6 次连续夺得排名第一，占据 26.2% 的市场份额。可见，网易考拉凭借精耕细作的自营模式在电商行业占据较大市场份额，成为我国跨境进口电商市场的后起之秀和第一梯队之首（见图 1-4）。

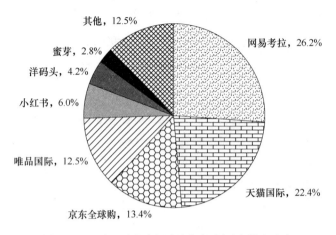

图 1-4　2018 年上半年中国跨境电商平台市场份额分布

（一）网易考拉 B2C 自营直采模式

1. 跨境电商平台类型

从进出口的流程看，跨境电商可以分为两种。

第一，生产商或制造商将生产的商品放在跨境电商平台上展示，在商品被选购下单并完成支付后，跨境电商企业将商品交给物流公司进行运送，经过海关商检后最终送到消费者手中；第二，跨境电商企业直接与第三方综合服务平台合作，让第三方综合服务平台代办物流、通关商检等一系列环节，从而完成跨境电商交易过程。

跨境电商平台类型树状图如下（见图 1-5）。

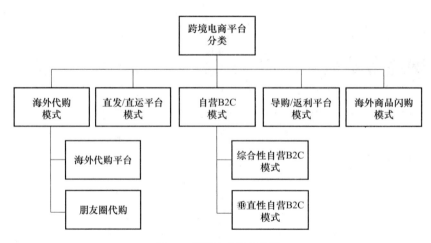

图 1-5　跨境电商平台类型

2. 网易考拉 B2C 自营直采模式

在自营模式上，网易考拉采取 B2C 自营直采的模式（见图 1-6）。首先，网易考拉之所以从开始就选择自营，有其自身的情况。从扬长避短的角度讲，网易并不是一家电商公司，若从一开始就选择做第三方平台，收取佣金，恐怕很难说服海外商家来入驻。其次，这种模式能在源头上把控商品品质，相比较平台式第三方商家的进驻，考拉的自营模式无疑增强了消费者对产品的信心。

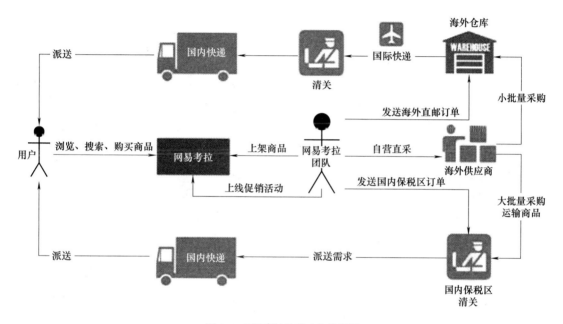

图 1-6 网易考拉的基本业务流程

（二）全球供应链和仓储物流：保障海外优质商品供应，打造便捷的仓储物流产业链

网易考拉自成立以来，就注重打造跨境电商业务领军企业，凭借自营直采、精选全球优质商品、便捷的支付、充沛的资金、强大的品牌效应等综合资源优势，在海外供应链建设方面领先于其他跨境电商企业。在强大的全球供应链背后，网易考拉建立了包括海外货源整合、国际运输、海关国检、保税园区、国内派送等在内的"一条龙"服务的完整全球仓储物流产业链，并拥有专业化的强大国际物流团队和海外仓储物流中心。截至 2017 年年底，网易考拉在美国洛杉矶、德国法兰克福、澳大利亚悉尼、日本东京、韩国首尔等全球化城市已建立超过 20 个海外仓，进一步拓展了为网易考拉海淘用户提供全球便捷物流体验服务的业务。在国内，网易考拉还在杭州、宁波、重庆、郑州等地建立全国跨境电商行业面积最大的保税区，下一步将陆续建

立和开通华北、华南、西南、东北等保税物流中心,形成发达、快捷、高速的国内外物流配送网体系。

在物流的选择上,网易考拉采取战略合作的方式,把物流配送交给了中外运、顺丰等合作伙伴,采用定制包装箱,让用户享受相对标准化和专业化的物流服务。2016 年 3 月 29 日,网易考拉与亚马逊物流正式合作,利用其强大的仓储运营服务,有效地增强管理仓储能力和保证产品更新数据的速度,还提供了物流配送的实时跟踪,从而提高物流速度,降低商品的破损率(见图 1-7 和图 1-8)。

图 1-7　网易考拉保税仓商品配送流程图

图 1-8　网易考拉海外仓商品配送流程图

(三)跨境支付手段

1. 网易支付(原网易宝)

网易支付原名网易宝,2016 年 3 月,网易宝正式更名为网易支付,网易支付是网易公司为方便用户进行网上交易推出的安全、稳定、快捷的在线支付平台,网易支付为用户提供了多种方便的在线充值、交易管理、在线支付、账户管理、提现等服务。有了网易支付,可以轻松消费网易提供的各种服务(点卡、游戏周边、网易商城、彩票等),减少了以前每次都需要用银行卡支付的烦琐流程。

2. 支持的其他支付平台与特色

网易考拉支付平台包括:网易支付、微信支付、支付宝支付、银行卡支付、Apple Pay 等。如今流行的各大第三方支付方式均可进行支付,信用卡也在使用范围,在 2017 年后半年,推出了网易去花，支持分期付款。其中，网易支付是网易集团主推的支付方式。网易考拉的多种支付方式，增加了消费者对支付方式的选择。

四、网易考拉平台规则

（一）注册规则

2019 年 1 月 3 日，网易考拉重新修订了《网易考拉入驻商家管理总则》，并于 1 月 10 日生效。商家应当严格遵守平台系统设置的注册流程完成注册，并遵守《网易考拉平台商家入驻协议》，商家注册、发布商品及对商品进行描述时须遵守国家法律法规及平台相关规则，不得包含违法或涉嫌侵犯他人权利等相关信息，同时商家应保证具备完全民事权利能力和与所从事的民事行为相适应的行为能力，如为公司或其他法律主体注册账号，商家应保证其有权使该公司或法律主体受本条款的约束，且该注册行为应当不为法律法规所禁止。

（二）发布规则

网易考拉上的所有内容，包括但不限于文字、软件、声音、图片、录像、图表、网站架构、网站画面的安排、网页设计、在广告中的全部内容、商品以及其他信息均由网易考拉或其他权利人依法拥有其知识产权，包括但不限于商标权、专利权、著作权、商业秘密等。非经网易考拉或其他权利人书面同意，不得擅自使用、修改、全部或部分复制、公开传播、改变、散布、发行或公开发表、转载、引用、链接、抓取或以其他方式使用平台程序或内容。如有违反，将承担由此给网易考拉或其他权利人造成的一切损失。

2017 年 12 月 15 日，网易考拉与杭州海关签署"知识产权合作备忘录"，进一步促进跨境电商知识产权保护。双方表示，将在跨境电子商务企业知识产权风险防范、海关执法协查、跨部门协作以及教育培训等方面开展合作。作为国内领先的跨境电商平台，网易考拉坚持从供应链源头践行国际品牌知识产权的保护，为消费者提供正品保障。

（三）交易规则

商家承担消费者权益保障责任，包括但不限于商品信息披露、提供商品退换货服务、建立不合格或缺陷商品召回制度、对商品质量侵害消费者权益的赔付责任等。当发现相关商品存在质量安全风险或发生质量安全问题时，应立即停止销售，召回已销售商品并妥善处理，防止其再次流入市场，并依法及时将召回和处理情况向海关等监管部门报告。

跨境商家还应保证：

第一，向海关实时传输施加电子签名的跨境电商零售进口交易电子数据，可自行或委托代理人向海关申报清单，并承担相应责任。

第二，应委托一家在境内办理工商登记的企业，由其在海关办理注册登记，承担如实申报责任，依法接受相关部门监管，并承担民事连带责任。

（四）售后规则

网易考拉支持无忧退货。从网易考拉购买的商品，支持 30 天退货，跨境商品（涉及海关通关手续及时限）支持 7 天无忧退货；个别商品（例如，短效期的海外食品、贴身使用的内衣物等）可能不享有退货政策，购买时需留意商品页面上的特殊说明。

无忧退货的期限，从收到网易考拉商品次日起算。在经客服确认满足退货要求的情况下，会尽快通过退货申请并在完成退货后将商品交易款项退还至购买账户。

五、网易严选和网易考拉·全球工厂店

（一）网易严选

网易严选，是网易旗下原创生活类自营电商品牌，于 2016 年 4 月正式面世，是国内首家 ODM（原始设计制造商）模式的电商，以"好的生活，没那么贵"为品牌理念。网易严选员工深入全国各地探访，通过 ODM 模式与大牌制造商直连，剔除品牌溢价和中间环节，按照中国消费者生活需求重新改良设计产品，最后以远低于大品牌的定价销售给消费者。为了将品牌理念传递给更多用户，从跨界合作的严选酒店开始，网易严选不断探索线下场景的可能性，陆续与民宿、长租公寓等业态深度合作，一步步拓宽沉浸式场景体验的边界。

1. ODM 模式定义

ODM（Original Design Manufacture）即原始设计制造商模式，是指由制造商设计出某个产品后，被品牌方选中，配上品牌名称或稍作改良来生产。若无特殊协议，那么在 ODM 模式中，产品的外观、面料、尺寸等权益将归属于制造商，制造商可将其方案和产品一并售于多个品牌方。

2. ODM 模式优势

（1）价格优势明显。

与传统品牌相比，ODM 模式与大牌制造商直连，剔除品牌溢价和中间环节。网易严选依托网易公司大平台的海量用户资源，可以省去巨额流量购买的成本。

（2）品质具有一定保证。

与传统电商还有区别的是，网易严选自建团队，亲自把控选品、原料采购、生产、销售、物流、售后等各个环节。网易严选表示，所有供应商都要符合中国 CCC 认证、英国 UL 认证、欧洲 CE 认证等，所有商品至少通过 SGS、BV、ITS 等全球 TOP 第三方质检机构检验。

（3）借"名牌"背书。

网易严选网站上随处可见"新秀丽制造商""MK 制造商"等宣传语，借用大品牌的品质与知名度为所售产品背书，不仅更容易获取消费者的信任，还能给其一种低价也能享受"名牌"品质的感觉。

3. 网易严选"新中产的书房"

2019 年 1 月 8 日，网易严选牵手"中国十大最美书店"文轩 BOOKS，正式在成都推出一系列名为"新中产的书房"的场景化阅读空间。通过"书籍 + 生活场景"的创新组合，为成都读者们奉上一道沉浸式阅读与精神空间相叠的惊喜体验。

（1）五个场景化阅读区同步开启，给新中产一个都市精神领地。

网易严选团队邀请国际设计师为门店量身打造一个完整的场景化体验区，大刀阔斧，在门店 1/2 面积内，设计了包括起居室、会客厅、餐厨等功能的"新中产样板间"。此次与文轩 BOOKS 的合作中，网易严选与文轩 BOOKS 以"新中产生活方式"为出发点，结合书店本身营运特点，联合打造了"新中产的书房"，在书店原本的阅读区内进行升级改造，设计了音乐控、懒人科技、咖啡雨林等五个场景化阅读区，为成都读者创造不止于纸面的阅读新体验。

（2）试水"付费预约"模式，为读者定制更私密精致的空间。

为了更好地满足新中产读者多元化的阅读需求，满足他们渴望在开放的书店体验更加私密和无打扰的服务。网易严选在打造沉浸式场景化阅读体验的同时，将试水业内独特的"付费预约"模式。

从 1 月 8 日开放起，成都读者需通过文轩 BOOKS 官方微信、网易严选 H5 页面等渠道，支付 1 元预约使用场景化阅读区。网易严选通过借鉴高端餐饮业、服务业流行的付费预约模式，为阅读爱好者创造了一个更加私密和纯粹的阅读空间。

付费入场阅读的商业模式在国内非常少见，但在欧洲及日本已经出现，并获得了当地读者的追捧。书店通过付费机制，不仅自身获得额外盈利，也让阅读爱好者获得精准和个性化的服务。网易严选以品牌的身份，与文轩 BOOKS 探索付费场景化阅读的潜力，有望开创品牌与书店共创付费阅读的新机制。

随着新中产群体的日益庞大，无论对于电商还是书店来说，都迎来了"体验升级"的转折点。网易严选联手文轩BOOKS，基于两个品牌对美好生活方式的共同追求，为追求高品质、新体验、好服务的新中产群体打造了一个全新的场景化阅读空间，联手为读者呈现阅读与生活新美学。

此外，网易严选联手成都曹操专车打造了"移动阅读空间"，通过车身及车内空间的重新设计，帮助用户在书店之外感受同样优质的阅读体验，每时每刻都享受阅读带来的美好。

（二）网易考拉·全球工厂店

2017年9月，跨境进口零售电商平台网易考拉·全球工厂店上线。全球工厂店致力于成为全球优质工厂的品牌孵化器，通过保姆式服务和品牌赋能满足新消费需求，未来还将实现全球销售。网易考拉·全球工厂店以提供精选、高质价比、天然健康商品为主要方向，目前已覆盖服装、母婴、家居、个护、运动、食品六大品类近百款商品。全球工厂店的来源除中国外，还有澳大利亚、韩国、意大利、新西兰、日本、法国等多个国家和地区。

1. F2C模式的含义

F2C模式（Factory to Customer）即工厂直达消费者的电商模式，是品牌公司把设计好的产品交由工厂代工后通过终端送达消费者，确保产品合理，同时质量服务都有保证，它们为消费者提供了高性价比的产品。

2017年9月，网易考拉平台在PC和App端同步上线网易考拉·全球工厂店。作为一个F2C模式的新项目，网易考拉希望这个全球工厂店能够真正做到"由全球行业TOP制造商直供，去除中间溢价，强调低调有品质的便宜，让消费者只为品质买单"的全新销售模式。

2. F2C模式的优势

（1）有效避免假冒伪劣产品。

F2C平台销售方是厂商，厂商直销很好地保证了信誉、产品质量和售后的问题，厂家作为一个大规模的品牌商，所销售的产品不存在假冒伪劣产品，并且在价格上还具有一定的吸引力。F2C的优势是厂家通过强有力的线下产业支撑，实现有效的全程品控，快速掌握市场反应。通过以往的一些经历，消费者在网络购物过程中，担心的问题就是产品质量不能得到保障，但F2C能改变这种现状。

（2）与传统模式相比：让交易透明化，无中间商赚差价。

传统的模式，是行业进行市场调研，生产出消费者认可的产品，再经过经销商或第三方平台以及自建商城让消费者进行购买。而这种F2C模式则是消费者直接向厂家反馈需求，厂家按需要生产，消费者支付定金，厂家开始生产，然后直接由厂家将产品交付给消费者。

在这种模式下，将省去经销商加价、厂家广告费、仓储费，让消费者得到最为实惠的产品。因为没有了中间环节，所以消费者能够以出厂价格买到好产品，而且因为没有假货渗入渠道，也就杜绝了假冒产品的出现。而对厂家而言，可以使生产的产品达到顾客最满意程度，减少成本，并且没有库存积压。

3. 与网易严选的异同

（1）不同点。

1）核心的不同在于品牌。网易严选作为网易电商的自有品牌，品牌归属权属于网易，制造商仅提供设计和生产；制造商提供设计和生产，是一种 ODM 模式；而网易考拉·全球工厂店的品牌属于制造商、工厂，平台提供市场和渠道等支持，是一种 F2C 模式。

网易严选挑选的制造商多为无印良品、新秀丽等知名品牌的制造商，但它们在网易严选平台的角色是"代工"，品牌属于网易严选。网易考拉·全球工厂店邀请的制造商以独立品牌名义开设店铺，制造商换下"代工"身份，建立自己的品牌，拥有商品的定价权，掌握品牌的发展方向。

2）网易严选主要以大众产品为主，商品风格更统一；而网易考拉·全球工厂店的品牌和商品更加多样化。

3）相比于网易严选主要针对国内市场，网易考拉·全球工厂店有更大的野心——"卖全球"。得益于网易考拉在全球供应链端的优势，未来，网易考拉·全球工厂店平台的商品还将实现面向全球的出口。

（2）相同点。

两者都体现了网易对于制造商的大力支持。截至目前，消费者在网易考拉·全球工厂店项目中已经可以看到的品牌和商品涵盖服饰鞋靴、母婴儿童、家居家纺、个人洗护、运动户外和休闲零食六大品类。

4. 网易考拉·全球工厂店的特点

（1）在商品详情页面中，消费者可以查看到每一个制造商品牌的详细情况，包括工厂实拍、制造商高层寄语以及网易考拉与国际第三方质检机构的联合检测报告。值得注意的是，这些制造商品牌都有着很强的共同点：它们都是在每一个细分市场的顶尖供应商，同时拥有很强的研发和设计能力，很多都拥有国际设计团队，在国内外都拥有工厂和产能。

（2）为了进一步实现差异化，网易为网易考拉·全球工厂店推出了一个考拉质量管理体系。也就是说，入驻全球工厂店的每一家制造商品牌，都必须经过网易考拉与国际第三方质检机构的联合质检。与其他平台的质检不同，全球工厂店项目不仅检验商品，还新增了实地验厂、大货抽检和仓库检验等环节，相关检验认证通过在每一个制造商品牌的页面上可见。

在此之前，消费者衡量体系往往以品牌的成交量来判断，这并不能真实反映出该品牌的商品品质，"刷单"等现象的疯狂存在不仅蒙蔽了消费者的双眼，也对新进入电商市场的品牌造成了壁垒。一套真实的衡量制造品质和商品质量的体系不仅可以为消费者提供更有价值的参考，对于行业打破低价竞争也是一个积极的促进信号。

所以，在网易考拉·全球工厂店中，消费者可以购买到更多样化的商品，同时也可以更直观地了解到什么是好的制造商，什么是好的制造品质，而非通过品牌销量和用户评论作为主要参考，这让商品和品牌制造商本身变得更透明。当然，如何让消费者看见更多真实的细节、可持续地监督这些制造商，也是网易考拉需要解决的问题，不让工厂检查沦为表象，这将考验网易的智慧。

六、网易考拉新动向

2019年2月19日，《财经》报道称，网易考拉将合并亚马逊中国海外购业务，该谈判历时数月，由网易考拉主动发起并推进，双方或采取换股方式。

亚马逊在全球范围内罕有敌手，凭借着强大的资金实力和覆盖全球的供应体系，进入各国市场几乎无往不利，在各国电商排名也多在头部位置。但这样一个电商巨头，在中国却遭遇"惨败"。

2004年，当时亚马逊以7500万美元收购卓越网，正式进入中国市场，起初为卓越网，之后命名为卓越亚马逊，一直到2011年变更为亚马逊中国。

当时，中国电商刚起步，阿里巴巴、京东还不具规模，而亚马逊已经具有一定优势，商品全、信誉好、质量过硬。依托老本行"卖书"，亚马逊在中国迅速打开局面。

但在此之后，亚马逊却没能竞争过中国本土电商。

亚马逊失败的原因是多重的，来到中国，亚马逊试图将本土那一套模式照搬过来，却遭受着严重的水土不服。当淘宝等国内一众电商凭借着低价策略，大搞营销、大肆广告快速扩张市场时，亚马逊却反应缓慢、应对滞后。

无论是在互联网时代还是移动互联网时代，亚马逊始终带有着国际巨头的"高冷气质"，疏于营销，宣传过少，商品种类竞争不过，被阿里巴巴、京东"打"得毫无还手之力。其电商市场份额也从 2008 年的 15.4% 掉到还不到 1%。

当消费升级的趋势来临之时，"中高端气质"的亚马逊本来迎来机遇，但长期在中国的失利让亚马逊仿佛遗忘了这片市场，并没能抓住机遇。

亚马逊在中国经营着多种业务，主要有电商、AWS（Amazon Web Services，亚马逊云服务）、物流以及阅读业务。对于普通国人而言，亚马逊阅读业务较为知名，Kindle 以及电子书、纸质书籍是大家对亚马逊的普遍印象。其他业务则声名不显，未见太大起色。

随着国人腰包鼓起，购买海外优质商品成为热潮，跨国巨头亚马逊又迎来一次机遇，这次优势可谓得天独厚。2014 年，亚马逊试运行海外购业务，凭借着全球市场长期统治，这一领域很快成为亚马逊的增长点。

但本土的阿里巴巴、京东等也早已对这一领域虎视眈眈，也不容有失。竞争之下，亚马逊中国在跨境电商领域占有一席之地。

2015 年，网易考拉正式成立。此时，国内电商领域的"大蛋糕"基本被阿里巴巴与京东瓜分，跨境电商才刚刚兴起，借此"东风"且依托着网易的自家产品流量，网易考拉快速发展起来。

在网易的营收中，游戏业务一直占据极大份额，随着网易考拉、网易严选的崛起，网易电商跻身第二大业务板块。网易宣布了公司 2018 财务年度未经审计财务业绩。数据显示，网易 2018 年营收约为 671 亿元（约合 97.68 亿美元），净利润约为 87 亿元。其中，网络游戏服务营收约为 402 亿元，同比增长 11%；电商业务营收约为 192 亿元，同比增长 65%。

根据 2018 年中国跨境电商市场报告数据显示，网易考拉市场份额占据第一位。

快速发展的网易考拉依托着的是网易不遗余力的投入。网易创始人丁磊多次表示，网易会越来越重视电商业务板块，因为电商对于网易具有战略性意义。

相较阿里系、腾讯系的京东，网易考拉其实还是处在弱势地位。阿里巴巴作为国内电商霸主，在各个电商领域罕有敌手，同时有着丰富的行业经验，跨境电商也是其必争之地，同时，其庞大的商业版图中能提供多个亿级流量入口。

腾讯系京东也在电商经营多年，其强大的仓储物流能力更是网易望尘莫及的，此外，腾讯还能提供庞大的社交流量。在基础设施方面，网易考拉完全不是对手，近几年的飞速增长，是建立在集整个网易之力巨额投入之上，继续下去或难以为继，网易考拉必须在发展中寻找变化，或能弥补劣势，与亚马逊联手或是不错的选择。

若亚马逊与网易考拉达成合作，当合并完成时亚马逊实现控股，将又获得一次与腾讯系、阿里系正面较量的机会。亚马逊在海外的供应链与渠道能给网易考拉提供巨大支撑，网易考拉则能在国内放开脚步扩张。

启发性思考题 **《**

1. 网易考拉运营模式是什么?

2. 网易严选和网易考拉·全球工厂店有什么异同点?

3. 登录并注册网易考拉网站,熟悉网易考拉网站操作流程和操作规则。

4. 网易考拉属于什么类型的跨境电商平台?

5. 怎样看待网易考拉和亚马逊联手发展跨境电商?

案例二

天猫国际

一、天猫国际简介

（一）天猫国际介绍

2012 年 1 月 11 日，淘宝商城在北京举行战略发布会，宣布更换中文品牌“淘宝商城”为“天猫”。淘宝商城 CEO 张勇（花名：逍遥子）表示，取这个名字一方面是因为“天猫”跟 Mall（淘宝商城）发音接近，更重要的原因是，随着 B2C 的发展，消费者需要全新的、与阿里巴巴大平台挂钩的代名词，“天猫”将提供一个定位和风格更加清晰的消费平台。猫是性感而有品位的，天猫网购，代表的就是时尚、性感、潮流和品质；猫天生挑剔，挑剔品质、挑剔品牌、挑剔环境，这恰好就是天猫网购要全力打造的品质之城。

天猫国际标志见图 2-1。天猫国际跨境电子商务平台是阿里巴巴集团旗下天猫商城的跨境电商综合平台。入驻天猫国际的商家均为中国境外的公司实体，具有海外零售资质；销售的商品均原产于或销售于海外，通过国际物流经中国海关正规入关。所有天猫国际入驻商家将为其店铺配备旺旺中文咨询，并提供国内的售后服务，消费者可以像在淘宝购物一样使用支付宝买到海外进口商品。而在物流方面，天猫国际要求商家 120 小时内完成发货，14 个工作日内到达，并保证物流信息全程可跟踪。

天猫国际 TMALL GLOBAL　原装进口全世界

图 2-1　天猫国际标志

（二）天猫国际发展历程重大事件

2014 年 2 月 19 日，阿里巴巴官方正式宣布，依托天猫商城背景，天猫国际正式上线，旨在为国内有海外商品购物需求的消费者提供原装海外进口商品。天猫国际自成立以来，以女性消费为主导、低门槛进驻、管理制度合法合规，依托阿里巴巴全球市场布局策略，一直在引领着中国跨境电商的飞速发展。

2016 年 10 月，阿里巴巴与全球最大标准机构 GS1 达成全球战略合作关系。作为一家全球性的、中立的非营利性组织，GS1 主要制定和维护全球统一的产品标示和电子商务标准，已成为全球通用的商务语言。据估算，目前通过天猫进入中国市场的 1300 个澳洲品牌中，有 65% 已采用了 GS1 标准，这也是双方合作的共同基础。

2017 年 3 月，阿里巴巴与普华永道、新西兰邮政、澳大利亚邮政、澳佳宝、恒天然等澳新合作方分别签署"全球跨境食品溯源的互信框架合作协议"，共同宣布将应用区块链等创新技术，在中新、中澳之间推动透明可追溯的跨境食品供应链。

在全球原产地溯源上，天猫国际一直在推动全球品牌以及各国政府逐步建立一套被多方认可的全球溯源标准协作机制，目前已从奶粉、鲜奶、美容仪等对安全性要求最高的品类入手。

2017 年 7 月 20 日，天猫国际在荷兰联合美素在内的全球 16 大奶粉大牌启动全球黄金奶源带溯源计划。德国驻沪副总领事、爱尔兰食品局亚洲区总监、荷兰驻沪副总领事等多国政要纷纷为本国奶粉品牌证言。

2017 年 8 月 3 日，亚洲美容仪联盟在日本东京成立。当天，ReFa、日立、Exideal、ARTISTIC&CO、YAMAN 雅萌等日本品牌齐聚，共同宣布天猫国际是其在中国市场的唯一官方授权平台，同时携手加入天猫国际全球原产地溯源计划，为中国消费者提供全球联保和无忧售后服务。

2017 年 8 月 8 日，在进口狂欢节上，天猫国际全面启动全球溯源计划——将利用区块链技术和大数据跟踪进口商品全链路，汇集生产、运输、通关、报检、第三方检验等信息，给每个跨境进口商品打上"身份证"。这项计划未来将覆盖全球 63 个国家和地区，3700 个品类，14500 个海外品牌。共同参与该计划的包括英美日韩澳新等多国政府、大使馆、行业协会以及众多海外大牌，中检集团、中国标准化研究院、跨境电子商务商品质量国家监测中心等"国家队"也已加入，通过制定标准、全程监测等手段，确保国内消费者买得放心。

作为全球溯源创新模式首创者和全球最大跨境进口电商平台，天猫国际掌握着迄今最大规模的跨境电商风控数据，逐步实现全平台物流全链路可溯源。

自 2014 年 2 月正式上线以来，作为跨境进口电商模式首创者，持续市场规模第一的天猫国际已引进过万海外品牌，其中八成以上品牌首次通过天猫国际进入中国市场。截至目前，天猫国际上已经汇聚了包括美、日、韩、澳、新等 18 个国家和地区馆，作为中国与世界各国的商贸文化交流的桥梁。

二、天猫国际平台操作

（一）天猫国际平台类型

天猫国际平台类型主要是直发 / 直运平台模式和环球闪购模式。

1. 直发／直运平台模式

天猫国际直发／直运平台吸引了全球 5400 多个品牌商家合作。消费者在网络平台上选购商品产生订单，天猫国际平台给境外商家发送订单，境外商家按照消费者的订单将所需货物发送给消费者，并且天猫国际承诺"100% 海外商家，100% 海外正品，100% 海外直邮"。发货时，消费者需要提供身份证号以及名字，以便商品通关检查。天猫国际直发／直运平台所销售的商品直接由境外商家销售地发货。海外直邮到国内有很长的路径，并且要办理出关入关的清关手续，因此在时间上有一定的延迟，一般境外商家注释 20 天之内到达（见图 2-2）。

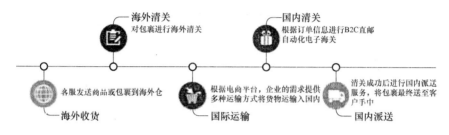

图 2-2　天猫国际直发／直运平台模式

2. 环球闪购模式

环球闪购平台直接采购海外批量商品，统一由海外发至国内保税仓库，消费者在天猫国际上选购商品产生订单，天猫国际直接从保税仓发送货物，按照订单将商品发送给消费者。商家承诺所有商品是"100% 海外原装正品，100% 国内退货"。发货时，消费者需要提供身份证号以及名字，以便商品通关检查，商品均从保税仓直接发货，保证 72 小时内发货，7 天内到达消费者。天猫国际直接从国内保税仓发货，减少了商品在国际物流上花费的时间，让买家能够更快收到商品，有一个方便快捷的购买境外商品的体验（见图 2-3）。

图 2-3　天猫国际环球闪购平台模式

（二）天猫国际平台操作

天猫国际操作平台模式是"网站＋公司＋物流＋售后"模式，是一种一体扁平化的服务模式。随着网络购物市场细分化、垂直化，出现了垂直化的网络服务模式，细分化能够为客户提供更为周全的、精准的服务。随之出现了导购网站、购物搜索、网购社区、返利网站、打折网等模式的购物网站。垂直化使得服务完善，但是目前垂直化的服务没有做到垂直横向发展，造成垂直化的业务没有走进网购的前列，而仅仅是一种独特的服务模式。

天猫国际的商品分属不同关境的交易主体，商家通过平台达成交易、进行支付结算，并通过跨境物流送达商品完成交易。

1. 天猫国际跨境电商基本流程

跨境电商基本流程中，需要以下几个要素：厂家，包括中小型卖家；面向全球的互联网平台，即天猫国际跨境电商技术平台；终端消费者。

天猫国际操作流程是厂家将自己的产品上传到面向全球的天猫国际互联网技术平台上，然后终端消费者通过互联网平台下订单，卖家或者厂家通过跨境物流把这个订单发送到国内的终端消费者。

（1）流程中的"三流问题"。

1）信息流。一方面，卖家在网上发布所提供的产品或服务信息；另一方面，消费者通过互联网寻找需要的产品或服务信息。

2）物流。消费者在网上下订单，厂家委托跨境物流服务公司将产品运送到海外消费者手里。

3）资金流。消费者通过第三方的支付方式及时、安全地付款，卖家收汇、结汇。

（2）天猫国际跨境电商"六步法"。

1）选品。选品包括：利用数据纵横的数据选品；厂家选品；利用 1688、义乌购等平台选择产品；利用 Wish 等平台选品。

2）刊登。这一步包括产品信息化处理、产品分类属性、产品标题、产品上架价格、产品物流方案、详情页描述。

3）销售。这一步包括跨境店铺优化、推广操作。

4）售后。这一步可借助平台有旺旺。

5）发货。这一步可借助平台有国际邮政系统、国际商业快递、国际专线物流、海外仓。

6）收款。这一步可借助平台有 PayPal、Escrow、支付宝。

2. 产品信息化操作

1）产品分类。天猫国际平台共计 30 个一级类目，每个一级类目下又有二级类目和三级类目。有 8 大经营范围，18 个经营大类，买家在进入天猫国际界面的时候，左侧分布着主要经营产品品类。

按照所属行业常用规则进行产品分类，不要将不相关的产品加在产品组里，不要将产品过多地分类，一般在 20 个以内。销售方式结合产品具体情况可设置以按件或打包的形式出售，可以对促销产品进行分类。

2）产品标题。产品标题是吸引买家进入产品详情页的重要因素，整个产品标题的字数不应太多，应尽量准确、完整、简洁。

准确的产品标题包括能够吸引买家的产品属性、服务承诺以及促销语。

3. 订单处理、发货、出境报检报关操作

（1）订单处理。

处理客户询盘函：翻译客户的询盘函、查找客户问题的解决方案、回复客户问题。

天猫国际后台订单的不同状态及处理流程：等待卖家付款、资金审核、等待平台发货、资金处理、纠纷处理、订单关闭／订单完成。

平台有对应的询盘回复中的沟通模板，如感谢函、道歉函、还盘函。

（2）发货操作。

选择合适的跨境物流方式并及时发货，对货物进行合适的包装并打包，跨境物流方案选择，填写跨境物流单据。

（3）出关报检、报关操作。

填写报关免证及形式发票，食品类目产品做好报检准备。

4. 售后处理

1）及时处理跨境收款。

2）售后服务及客户维护。这包括：处理售后评价；处理售后服务、退换货，争议等问题；维护老客户、开发新客户。

三、天猫国际运营模式

（一）产品流

在天猫国际上，入驻商家不仅可以在平台上发布商品的全面信息，还可以获取最新、最全面的所属行业的动态信息，包括竞争对手情况、当季爆款商品信息、实际买家信息的相关情况以及潜在买家的获取。消费者可以在天猫国际平台上浏览相关商品的信息概况、销售量、人气度、收藏数最高的店铺、商家信用信息等，来进行判断和购买。天猫国际平台严格审核线上商家的入驻资质和相关产品的质量，保证其较高的信誉。

1. 产品"品质保障"承诺计划

2019年2月12日，天猫国际在新年推出"品质保障"承诺计划。该计划在服饰、美妆、母婴、医药保健等9大行业率先推行，平台上商家将逐步完成"品质保障"承诺计划审核，并在店铺商品页面向消费者展示，预计2019年9月中旬将全面完成。

进口商品的品质首先要看货源是否有保障。"品质保障"承诺计划要求商家必须提供品牌公司（即商标所有者公司）授权资质证书，且资质授权必须在有效期范围内，商家需及时更新即将到期的资质授权。

在天猫国际的服务承诺中，正品保障是最基础也是最重要的服务。以天猫国际直营为例，一直以坚持"100%海外正品，假一赔十"的承诺来维护消费者的权益。随着"品质保障"承诺计划的推出，在正品保障基础上，食品、美妆、母婴、保健品等行业率先推出"特殊服务"承诺，包括美妆的"过敏包退"、母婴的"红屁屁包退"以及美妆、食品、母婴、家居行业承诺的"破损包退"等服务。

这就意味着，消费者在标有"过敏包退""红屁屁包退"标识的店铺内购买的商品，在签收商品60天内，如果在使用过程中发生皮肤过敏的情况，商家承诺48小时内处理。而破损包退则是如果消费者在签收72小时内发现商品包装破损，就可以发起维权申请，享受急速保障服务。

"品质保障"承诺计划对保健品质量把关更为严格，额外附加质量认证要求：商家所售商品须通过海外认证机构认证，并标明认证说明，包含机构名称及其说明、网站、认证内容、质检报告关键页等信息。截至目前，澳大利亚TGA、美国FDA等机构对应商品类目的商家已经完成认证。

"品质保障"承诺计划还要求商家必须具备资深招商团队、商家实地考察、海外直供、全程物流追踪、优选品质快递、金牌客服服务六大要素，全链严控进口商品品质。

2. 天猫国际进口商品"全链路溯源系统"

2019年2月，天猫国际进口商品"全链路溯源系统"进入试运行阶段，将为进口商品发放"签证"，借助区块链、动态镭射、动态图像识别等技术，实现商品采购、物流等信息全链路溯源，进一步加强进口商品的正品保障。

这套溯源系统前期主要针对奢侈品等时尚行业，2019年3月底上线，之后将逐步推行到各个进口商品行业。

天猫国际为海外商品发放的"签证"，实际上是一张溯源码。海外商家在采购商品时，将按要求把溯源码粘贴在商品表面，并通过后台系统录入商品采购地点、采购时间、采购人员等信息。在物流转运的过程中，溯源码还将全程记录物流信息。用户收货后，使用手机扫一扫溯源码，就能查到商品从国外到国内的全链路信息。

溯源码采用特殊工艺制作，撕下即毁，不能被回收利用。借助区块链技术，溯源码记录的所有信息将被妥善保存，且不能被修改。而动态镭射技术、动态图像识别技术的应用，则保证了溯源码不能被仿制、复制。

除上线全链路溯源体系外，天猫国际同时还在服饰、美妆、母婴、医药保健等九大行业推行"品质保障"承诺计划，通过品牌授权、服务承诺、质量认证、全链严控四大举措全面提升进口商品品质保障及用户消费体验。

（二）盈利模式

天猫国际的收入主要来自两个方面，一方面是自营产品的销售盈利，另一方面是平台上商家和消费者交易的佣金。另外，天猫国际还会对平台上面的卖家提供增值服务，例如关键字推广、广告还有信用评级等收费服务。天猫国际依托阿里巴巴集团强大的支撑体系，有着稳定的消费人群，在市场宣传和平台维护方面有着较好的表现，因此，天猫国际在跨境电商中占据较为重要的地位。

（三）营销手段

1. 多种营销方式并用

天猫国际多种营销方式并用。邮箱营销，是通过消费者订阅邮箱广告，在邮箱上进行广告投放，吸引消费者。搜索引擎营销，是在搜索引擎上进行推广、广告等形式，吸引消费者。天猫国际还通过社会化营销与网站联盟等新型营销方式，拓展市场。

2. 注重促销活动

天猫国际十分注重促销活动，不仅经常组织入驻商家进行折扣促销活动，如发放店铺优惠券、买一送一、限量折扣、限时抢购等，而且引入国外打折季、购物街等促销方式，如"黑色星期五""圣诞大促""网购星期一"等。天猫国际在大型促销季之前会通过社交网站、线下实体广告、网络广告、邮件等方式进行活动预热、活动渲染，让更多的消费者关注活动的开展。

并且因时制宜，在圣诞节来临之际，举办圣诞大促活动；在新年来临之际，开展除旧迎新、新装大促活动；在情人节来临之际，开展各种情人节相关商品的组合活动。

3. 天猫国际新传播策略

每年的"双11"，都是各品牌商家营销手段的一场"华山论剑"，而天猫国际作为"双11"的领跑者，在10周年这个特殊的节点再出奇招，不仅守住"双11"营销盟主之位，还放眼于宇宙人类的宏伟命题，用一颗卫星跳出了固有的地球思维，吸引了60万人次的流量，掀起了国民级的"告白狂潮"，打造了宇宙级话题热点。

（1）游戏规则。

2018年10月29日，参加@天猫国际星动告白微博征集活动。

2018年11月5日，选中最妙告白，送出礼盒。

2018年11月11日，寄出礼盒。

客户收到快递，拆开礼盒拿出邀请卡，跟随指引录音上传。

2018年12月9日，告白上天。

（2）命题选定与传播策略。

不仅形式炫酷还能人人参与、切实落地，又借此传递品牌精神，这场"星动告白"如何吃透消费者的心还为品牌服务？天猫国际是如何做到的？其蕴藏的命题选定洞察力和传播策略值得每个营销人珍藏并反复品读。

1）命题选定——基于自身定位的靶向狙击。"双11"晚会上，马云寄语"双11"10周年称："'双11'不是打折的日子，而是感恩的日子。希望大家买到的不仅仅是商品而是惊喜，抢到的不仅仅是便宜而是创新，等待的不仅仅是包裹而是快乐。"可见，阿里对于"双11"的定位为"感恩"。

而"星动告白"形式，正是感恩情绪的强力输出口，正能量的命题下也引发了诸多优质UGC（User Generated Content 用户原创内容），表白范围包括了非洲寻猎员、山区小孩、海外华人、公益事业、关注航天事业等。正向与爱是人类亘古不变的热爱主题，同时这种爱并不限于男女、亲情之间，它涵盖了世间所有类型的爱，这一话题既有高度又有足够的开放性，为UGC的多方向拓展提供了空间。

然而，正向的命题多如牛毛，告白形式也千奇百怪，为何天猫国际会选定通过发射卫星的"星动告白"这种形式？答案是：洞察。

天猫国际的主力消费群体为"85后"~"90后"，这类年轻人喜欢刺激新奇，正是浪漫幻想的年纪，想要探索一切，不喜欢被束缚，而宇宙正是一个巧妙的领域，它代表人类的好奇心与无限可能性。宇航也一直是年轻人的热门讨论话题，炫酷的告白形式更是狠狠戳中年轻群体的兴奋点，再加上告白风向引导为人生告白、追星告白等青年社交的重要标签属性，可谓是对消费主力军的一次完美"靶向狙击"。

这颗承载着告白的卫星发往天际，正呼应了天猫十周年"精彩才刚刚开始"的主题，同时也是天猫国际致敬太空漫步 10 周年的一种形式，将"爱的致敬"作为一份礼物发往宇宙，深刻而浪漫至极。卫星本身和天猫品牌的定位也相性极合，两者都是世界信息传递的交汇点和传播站，活动主题十分契合品牌形象定位。

2）站内落地——切实加入这场宇宙级爱的互动。在向宇航事业致敬的背景下，宏大的线下启动仪式，现场航天科学家的背书都说明这场宇宙级告白不只是情感宣泄的输出口，也是对于爱的致敬，和希望更多人可以关注到航天工程中来的一种强力号召。天猫国际所倡导的爱不仅仅是男女情爱，更是宇宙人类的爱。

"星动告白"互动 H5 引发 60 万人参与，这台宇宙电台承载着整个世界的故事，有方言、有来自世界的声音、有公益、有各种情感，最终它们将发往宇宙围绕地球航行。

当营销人在考虑传播策略时，互动板块几乎是当今传播必不可少的强力助推器，但往往"自嗨式"互动也是传播的致命伤，那么天猫国际的"星动告白"为何能引爆全民"嗨"？不难看出，切实的"参与感+纪念性事件+回馈感"是触发高互动的关键。

在站内 H5 中，用户用语音可以告白自己的心事、对于未来的期许、对喜欢人的真情告白等内容，语音告白的方式非常具有仪式感，让用户真切地感觉自己的个性印记上传到了告白卫星中去，真正参与到了向爱和宇宙致敬的活动中来。天猫还为此专门设计了告白礼盒，包含告白权和宇航猫，定制版文豪的告白明信片、邀请函等物料得以留存纪念，让消费者切实拥有一颗星。

本次的告白并非单向互动，在卫星发射后，每当卫星经过你的头顶时都能收听到本人发送的告白，手机还可搜索收听来自全世界的告白话语。并且天猫宣布：消费者购买告白礼盒的所有费用都会用到公益事业中。让极致的仪式感与向爱致敬的主题更加深远长存，将感恩精神实践到活动中，并给足告白者回馈感。

3）站外联合——多矩阵全方位为"星动告白"造势。联动阿里经济体，一组"动物园上天"加深了"阿里系"的存在感并为爱声援。继"88 会员卡"之后，阿里系的概念愈加强化，而天猫国际本次的"动物园上天"科幻海报，巧妙地用动物代表阿里云、阿里健康、蚂蚁金服、大麦、飞猪等阿里经济体内所有成员，各部线上线下联动，诸多奖品清单和线下告白资源给足告白阵仗的排面，为活动带来极大的曝光度和品牌传播效果，同时也加深了阿里的体系印记，一举三得。

以符合用户习惯的方式，选择符合青年社交习惯的平台，跨平台合作助阵"星动告白"。天猫国际本次将素人告白内容预埋在虎扑栏目、喜马拉雅电台节目、metro FM 等受广大年轻人喜爱的情感交流渠道中，在宣传"星动告白"活动的同时，运用音乐等媒介引导听众场景带入，将其精神内核无形中传达。

这一合作方式不仅组成了跨平台的信息传播矩阵，形成阶段式的传播节奏，也引发出一批高质量的 UGC，减少了"星动告白"为爱致敬的偏题可能。

中国人的情感都是含蓄的，"爱在心口难开"这一国情决定了在"星动告白"计划中，如何鼓励、引导大家开口成为一大难关。

而天猫国际在传播矩阵中，运用巧思让多类型 KOL（Key Opinion Leader 关键意见领袖）联合发声，形成全世界告白的氛围，提供了多种告白角度解决了这一难题。天猫本次邀请到航天元老张宏显向航天事业告白，还有新西兰领事馆、英国领事馆、加拿大驻上海总理事对于"双11"活动的告白，关晓彤、林彦俊、吴宣仪等明星纷纷放出自己的告白心声，还有童真孩童的许愿、亲人间的思念、异地情侣的宇宙求婚、爱人间的真情流露等内容丰富的素人告白，也让人为之动容。

在双微平台上，天猫国际精准地启用情感型、段子手类型 KOL 发声，从都市情感、星座、吐槽段子、文学电影作品的维度来切入，鼓励消费者表达感情，大声说爱。星座、爱情、吐槽、追星……这些 KOL 的类型正好符合微博用户的热门标签，给大家充足的告白发声动力和切入角度，让消费者舒服、自然地产出了海量 UGC。

天猫国际与热门 IP 强强联合，众星助阵为年轻人传递正能量。天猫国际发动三位世界妙物官——林彦俊、王子异、尤长靖共同"加持"这次告白活动，让"爱豆"率先发出告白心声，起到引领作用，再将带有青春激励性的"爱豆"心声开放给粉丝，为粉丝群体注入正能量打造出"爱豆宠粉上天"的互动活动。

同时，与具有航天 IP 的《挑战吧！太空》节目合作，邀请到朱正廷、吴宣仪参与到告白活动中来，号召年轻人关注航天事业，引爆社媒热度，带来了超 500 万的粉丝互动，充分运用明星效应将明星正能量散播并激发粉丝群体的告白热情。

天猫国际在大主题的选择上，可谓精准毒辣。其内容宏伟：向宇宙和人类永恒命题"爱"致敬，把俗套的告白玩出不凡，炫出宇宙新高度。其定位精准：基于天猫国际的世界链接点和"主 TA 青年群体"的特性量身打造。

知道玩什么，再去研究怎么玩。天猫国际本次运用众多资源，包括站内宣传、阿里系联动、跨平台多矩阵传播、国际友人明星 IP 等。针对青年群体的全方位"攻陷式营销"，从新潮、追星、社交等多个"TA 标签"着重出击。在互动层面，站内的 H5 与定制礼盒、告白收听机相呼应，强大的"参与感＋纪念性事件＋回馈感"触发了爆发式互动参与热情的关键，攻克了品牌

"自嗨"这一难题。同时，天猫国际在海量 UGC 中预埋话题爆点，在不同时间段层层引爆，为宇宙级告白造势，最终引发全民告白热潮，向初心与爱致敬。

天猫国际把"向宇宙与爱致敬"这件宏伟而深刻的主题，没有发展为如特斯拉企业的高冷行为，而是打造成一种现象级、人人都可参与的告白活动，让冰冷的科技赋予人文的温度，诸多小小"告白爱意"汇聚的力量最终掀起国民级讨论热度。在"双11"10周年这个节点，面向全体人类呼唤回归初心，为爱致敬，关怀航天事业，充分体现出一个重量级企业的社会责任感和人文情怀。让消费者感到人性的企业，才能让消费者信赖并支持。

（四）电商人才

天猫国际的控股股东阿里巴巴集团是我国发展最早的电子商务企业之一，十几年来积累了许多专业性经验和丰富的电商发展理论基础。同时，阿里巴巴集团和杭州师范大学合作共建了一所阿里巴巴商学院，该学院主要以电子商务专业为主，逐步发展经济类、管理类、财会类和贸易类专业，无疑为天猫国际的电商人才培养和输入提供了有力的保障。

（五）跨境物流

天猫国际上的商家大部分是独立的经营个体，并未形成巨大的规模，基本上还没有建立自己的跨境物流体系。因此，天猫国际商家商品的物流基本由商家指定物流公司或者由合作的物流公司进行发货。目前，与天猫国际合作的服务商包括中国邮政、顺丰速递、DHL、TNT 等。商家可以自主选择符合自己商品特征或者有地域优势的物流企业，消费者也可以与商家协商，选择本地最优质的物流。当商家每个月的出货量较大时，物流企业会给予一定折扣，这样更降低了商家的运营成本，从而提高利润。

天猫国际一直努力为商家提供跨境物流的服务，以此来帮助商家降低运营的物流成本，提高跨境商家的竞争力，也通过此来吸引更多优质的商家入驻。天猫国际凭借庞大的市场规模以及巨大的供应量与跨境物流企业进行战略上的合作，在一些特定地区得到一定的优惠，最多能达到 2 折。天猫国际已与中国邮政、FedEx、UPS 等签订合作协议，商家可以储存大量商品在物流企业仓库中，商家选择物流企业之后，只需要在网上填表并且支付运费，物流企业就会将对应的货物发至消费者手中，大大减少了物流的环节，降低了物流成本，并且提高了物流效率。

（六）支付体系

天猫国际作为阿里巴巴集团旗下的企业，有阿里巴巴集团作为支撑，资金流转方式与淘宝类似，依托支付宝，天猫国际只作为买卖双方信用中介平台。买卖双方产生物品交易，消费者购买商品进行付款后，天猫国际将货款存在支付宝平台，同时提醒商家收到货款，并发出发货通知。当消费者收到商家的货品之后，天猫国际将所报关的货款转到商家的账户。这样的运作模式保障了商家与消费者双方的资金以及信用的安全。

在资金运作平台上，天猫国际使用国际版支付宝。依靠同集团的资金运营平台，极大地保障了资金的安全。并且仅使用极低的运营成本，与其他跨境电商相比，并不用支付第三方高额的支付交易费用。目前，国际版支付宝支付的方式有许多种，包括万事通、VISA、银联、WEBMONEY、Boleto以及银行汇款等，并且还在不断完善中，今后将会有更多的支付方式以供消费者选择。

为了降低天猫国际用户在交易过程中可能出现的风险，国际版支付宝目前限制单笔购买商品的金额在1万美元之内。在买卖双方交易达成后，国际版支付宝将会按照订单收取每笔3%～5%的平台交易手续费，这笔金额由卖方支付。此外，当消费者购买货物使用信用卡付款时，国际版支付宝将通过中国银行的业务处理，将支付的货币按照当天的平均汇率直接转换成商家所使用的外国货币，转入商家的账户中。

四、天猫国际平台规则

（一）注册规则

天猫国际服务条款规则于2019年1月4日修改生效，天猫国际网站卖家需满足以下条件，才有权使用服务。

卖家及其销售的商品符合当年度的《天猫国际招商标准》；卖家有效签署《天猫国际商户服务协议》及其相关附属协议；卖家符合任何公司按情况要求的其他合理条件。

卖家保证：所有商品均属中国大陆境外（香港特别行政区、澳门特别行政区和中国台湾被视为中国大陆境外）直采，是海外原装正品；卖家的注册地为中国大陆境外；向买家提供当地指定退货地点及正规退货渠道，即商品销往中国大陆的商家需提供中国大陆的指定退货地点；商品销往中国香港的商家需提供中国香港的指定退货地点；商品销往中国台湾的商家需提供中国台湾的指定退货地点。

注册用户须自行负责对自身的淘宝账户及天猫国际网站登录名、昵称和密码保密，且须对该登录名、昵称和密码下发生的所有活动（包括但不限于信息披露、发布信息、网上点击同意或提交各类规则协议、网上续签协议或购买服务等）承担责任。非有法律规定或司法裁定，需征得天猫国际的同意，否则，淘宝账户和密码不得以任何方式转让、赠予或继承。

为了更好地维护天猫国际市场交易秩序，更切实地保障商家的合法权益，天猫国际变更了《天猫国际服务条款规则》中"不当注册"的规则，新增"滥用会员权利"规则。该规则将于2019年2月27日正式生效（见图2-4）。

变更前	变更后
一般违规行为	严重违规行为
第五十条 不当注册：是指用户通过软件、程序等方式，大批量注册淘宝网或天猫国际账户；或通过已注册的淘宝网或天猫国际账户，滥用会员权利损害他人合法权益、妨害天猫国际运营秩序的行为。不当注册的，天猫国际对使用软件、程序方式大批量注册而成的账户进行查封，并对滥用权利导致的订单予以关闭，每次扣十二分 对于天猫国际排查到的涉嫌不当注册的会员，大猫国际将视情节采取警告、身份验证、限制创建店铺、限制发送站内信、限制发布商品、限制网站登录、限制旺旺登录、限制买家行为、限制发起投诉、延长交易超时、要求淘宝对淘宝网账户采取限制措施等临时性或永久性管控措施	第五十条 不当注册，是指用户通过软件、程序等方式，批量注册淘宝或天猫国际账号的行为。不当注册的，天猫国际对使用软件、程序方式批量注册而成的账户每次扣四十八分。对于天猫国际排查到的涉嫌不当注册的会员，天猫国际视情节严重程度可采取限制使用阿里旺旺、限制创建店铺、限制会员登录等措施

图 2-4 天猫国际新"不当注册"规则

增加第五十一条：

滥用会员权利。滥用会员权利是指会员滥用、恶意利用天猫国际所赋予的各项权利而损害他人合法权益、妨害天猫国际平台商业经营秩序的行为。

对于滥用会员权利的用户，天猫国际将视情节严重程度采取屏蔽评论内容、评分不累计、限制买家行为、查封账户等措施。

对于滥用会员权利而获得的不当利益（包括但不仅限于消费红包等），天猫国际将采取收回、作废、失效等利益追回类措施；对滥用权力产生的订单采取销量不累计、关闭订单等措施。

商家有权使用天猫国际所赋予的各项工具，如商家滥用工具的，每次扣四分，滥用工具情节严重的，将取消商家使用工具的权益。

（二）交易规则

商家应当按照天猫国际系统设置的流程和要求发布商品；商家应遵守天猫国际"服务承诺"，包括但不限于"正品保障""海外直供"及"当地退货"等；商家的会员名、店铺名的命名应当严格遵守《天猫国际店铺命名规范》；会员应当遵守跨境交易所涉国家与地区商品出入境相关法律法规，履行相关协助与配合义务。

（三）发布规则

1. 商品标题发布规范

商品标题发布必须包含品牌名称、商品名称及其他相关描述（如属性／规格／材质描述／款式描述等）；商品标题中不得带有任何与商品真实信息无关的文字或符号；定制／预售商品标题需加上"定制／预售"字样。

2. 主图发布规范

主图图片须达到 5 张且必须为实物拍摄图，并且每张图片必须 ≥ 800×800 像素（自动拥有放大镜功能），除部分类目以外必须为白底图；如获得了相应品牌商品的商标使用权，则可将商品品牌标志放置于主图左上角，大小为主图的 1/10；卖场型旗舰店且有卖场品牌商标使用权的，则可将卖场品牌标志放置于主图左上角，大小为主图的 1/10。

第一张和第二张主图必须为商品正面全貌清晰实物拍摄图。图片不得出现水印，不得包含促销、夸大性描述等文字说明，该文字说明包括但不限于秒杀、限时折扣、包邮等。图片不得出现任何形式的边框，不得留白，不得出现拼接图，除情侣装、亲子装等特殊类目外，不得出现多个主体。

3. 类目发布规范

商品类目发布须遵守《天猫国际经营大类一览表》及《天猫国际允许跨类目经营的商品列表》的具体要求；包括但不限于以下情况除外：商品品名上明确标示使用人群为孕妇、婴幼儿、儿童的（适用人群包含成人），须发布在母婴行业所属类目下（包含旗舰店）；商品品名上未明确标示使用人群为孕妇、婴幼儿、儿童的（适用人群包含孕妇、婴幼儿），须发布在商品所属行业大类下。

4. 产品描述规范

为保证消费者在购买商品时拥有充分的知情权，商家需在发布产品时明示以下信息：有效期、产品主要性能、使用说明产品、重要信息中英文对照、物流查询方式及说明，也包括商品瑕疵、临界保质期、附带品等信息披露，不得含有虚假、夸大等内容。

1）有效期。有效期不可以写详见产品外包装，必须具体展示，例如"截止日期：×××"。（提醒：如商品销售时剩余保质期少于一年的，必须如实说明。）

2）产品主要性能、适用人群。（提醒：化妆品应标注品牌归属地，化妆品名称中不得含有医疗术语，明示或者暗示某医疗作用和效果的用语，虚假、夸大、绝对化的词语，医学名人的姓名等相关国家和地区法规明确规定禁止使用的词。)

3)使用说明。要给出正确的使用方法。(包括使用顺序。)

4)产品重要信息中英文对照。(例如:奶粉营养成分、使用方法等中英文对照说明。)

5. 产品宣传规范

页面描述不得含有"最新科学""最新技术""最先进加工工艺"等绝对化的语言或者表示;不得明示或者暗示可以替代母乳,不得使用哺乳妇女和婴儿的形象;不得使用医疗机构、医生的名义或者形象。食品描述中涉及特定功效的,不得利用专家、消费者的名义或者形象做证明;不得与其他产品进行对比,贬低其他产品;不得含有无效退款、保险公司保险等内容;不得含有"安全""无毒副作用""无依赖"等承诺性表述;不得含有有效率、治愈率、评比、获奖等综合评价内容;不得出现医疗术语、明示或暗示医疗作用和效果的词语;不得出现庸俗或带有封建迷信色彩的词语。

(四)评价规则

买卖双方有权基于真实的交易在支付宝交易成功后 15 天内进行相互评价。天猫国际网站评价包括"店铺评分"和"评论内容","评论内容"包括"文字评论"和"图片评论"。

为了确保评价体系的公正性、客观性和真实性,天猫国际将基于有限的技术手段,对违规交易评价、不当评价、恶意评价等破坏天猫国际评价体系、侵犯买家知情权的行为予以坚决打击。

(五)售后规则

天猫国际在网页上明确,其产品分为海外直购和进口现货两类。进口现货适用"7 日无理由退换"。海外直购产品适用带有"7 天放心退"标志的天猫国际商品,消费者与卖家协商一致后方可退款。

五、天猫国际国家(地区)馆

1. 2017 年丹麦国家馆上线

丹麦国家馆是 2017 年第一个登陆天猫国际的国家馆。此前,基于全球各国政府的合作支持以及签署战略合作背书,天猫国际已上线美国、英国、法国、德国、丹麦、日本、荷兰、加拿大、俄罗斯、西班牙、意大利、韩国、澳大利亚、德国、泰国、新西兰、中国香港地区、中国台湾地区等国家和地区馆。

天猫国际丹麦馆在 2017 年 3 月 12 日～14 日为期 3 天的开馆活动中，一跃成为天猫国际 17 个国家地区馆榜首，其中世界级视听音响 B&O、丹麦时尚腕表 Lars Larsen、Blue Pro 博乐宝净水器成为成交额前 3 名的品牌。Larsen 腕表、kjeldsens 蓝罐曲奇、Pandora 潘多拉饰品成为浏览量最高的品牌，丹麦品牌成为见证中国消费者最新海淘热的一股"幸福流"。

从此次天猫国际丹麦馆消费数据来看，其中 30 岁以下中国年轻消费群占比超过 42%，成为绝对主力，30～40 岁的中国家庭消费主力占比在 25% 之间，代表高消费等级的天猫 T3、T4 会员贡献近五成成交。以丹麦语"Hugge"（幸福）为代表的丹麦生活方式，同样成为中国主力消费人群追随的新潮流。

2017 年 3 月 12 日，阿里巴巴集团与丹麦政府在阿里巴巴西溪园区宣布达成"幸福"战略合作，阿里巴巴集团执行副主席蔡崇信与到访阿里的丹麦外长萨缪尔森共同出席，见证丹麦国家馆正式上线天猫国际，飞猪与丹麦旅游局、北欧航空达成战略合作，双方在国际知识产权的合作将进一步深化。

阿里巴巴集团执行副主席蔡崇信在签约现场还表示："丹麦以独有的设计和生活方式，造就了全球最幸福的国家之一。幸福，同样是阿里巴巴健康、快乐的战略目标。双方的合作基于对幸福的共同理解。随着丹麦国家馆和丹麦旅游国家馆相继上线，相信丹麦品牌和这个幸福的国度在中国将广为人知。"

丹麦外长萨缪尔森则称，丹麦政府希望与阿里巴巴携手，通过互联网将丹麦的商品和幸福生活引入到中国消费者的体验当中。

入驻天猫国际的商家均为中国境外的公司实体，具有境外零售资质；销售的商品均原产于或销售于境外，通过国际物流正规入关。所有天猫国际入驻商家将为其店铺配备旺旺中文咨询，并提供售后服务，消费者可以像在淘宝购物一样使用支付宝买到进口商品。而在物流方面，天猫国际要求商家 120 小时内完成发货，14 个工作日内到达，并保证物流信息全程可跟踪。

2. 2018 年印度尼西亚国家馆上线

2018 年 11 月 2 日，天猫国际联合印度尼西亚大使夫人在上海地标东方明珠一起见证印度尼西亚国家馆上线，当天包括印度尼西亚、丹麦、意大利、英国等六国国家馆线下展馆在进博会期间一起开门迎客。

2018 年 10 月 13 日，在印度尼西亚总统佐科的亲自推动下，印度尼西亚政府拿出国宝猫屎咖啡等 5 种商品参与 2018 年天猫"双 11"活动。印度尼西亚工业部部长艾尔郎加表示，印度尼西亚政府选择的商品是根据中国消费者喜好特别定制的。

猫屎咖啡是全球最昂贵的咖啡之一，而印度尼西亚是该咖啡的全球最佳产地。2018年天猫"双11"恰逢进博会，印度尼西亚国家馆上线，正是延续进博会溢出效应，天猫国际将在进博会期间推出一系列线上线下活动，让国内消费者共享全球75国（地区）进口好货。

此次印度尼西亚国家馆在天猫国际开启，是基于阿里巴巴与印度尼西亚政府此前一起推动当地中小企业通过跨境进口电商快速进入中国市场的共识和承诺，印度尼西亚国家馆也成为中国消费者更好了解印度尼西亚文化的一站式平台，未来还会引进更多印度尼西亚当地特色产品。

2018年10月31日，阿里研究院和中国国际商会、德勤在上海共同发布的《持续开放的巨市场——中国进口消费市场报告》指出，消费作为经济增长第一驱动力的地位更加显著，成为推动消费升级的引擎之一，这缘于天猫国际为代表的中国跨境电商平台在过去几年的迅速崛起。

为了丰富国人的进口供给，满足国人越来越多元和个性化的消费升级需求，在过去4年，天猫国际已引进75个国家3900个品类，近19000个海外品牌进入中国市场，其中八成以上是首次进入中国大陆市场。

启发性思考题 **《**

1. 天猫国际名字的寓意是什么？

2. 天猫国际运营模式给企业带来了哪些变化？

3. 依托阿里巴巴集团，天猫国际如何培养电商人才？

4. 登录并注册天猫国际网站，熟悉天猫国际网站操作流程和平台规则。

5. 查阅天猫国际国家（地区）馆，每一个国家或地区的特色产品是什么？

案例三

敦 煌 网

一、敦煌网简介

（一）敦煌网介绍

敦煌网是一个综合类电子商务平台，由王树彤女士于 2004 年创立，是中国第一个 B2B 跨境电子商务交易平台。敦煌是中国古代丝绸之路上的辉煌驿站，是中国丰富商品走出国门的盛大之城。敦煌网以此命名，正是承载着其创始人兼 CEO 王树彤女士打造网上丝绸之路，帮助中小企业实现"买全球，卖全球"的梦想。敦煌网标志见图 3-1。

DHgate.com | 买全球，卖全球
敦煌网

图 3-1　敦煌网标志

敦煌网致力于帮助中国中小企业通过跨境电商平台走向全球市场。是我国首家为中小企业提供 B2B 网上交易服务的网站，它采取佣金制，免注册费，只在买卖双方交易成功后收取费用，是为国外众多的中小采购商有效提供采购服务的全天候国际网上批发交易平台。

敦煌网开创了 DH gate 小额 B2B 交易平台，打造了外贸交易服务一体化平台 DH port，为优质企业提供了直接对接海外市场需求的通路，率先为传统贸易线上化提供从金融、物流、支付、信保到关、检、税、汇等领域的一站式综合服务。线上化外贸闭环模式，极大降低了中小企业对接国际市场的门槛，不仅赋能国内中小企业，也惠及全球中小微零售商，并成为二者之间的最短直线。

敦煌网快速拥抱最新、最酷的技术，持续开展微创新。如：自主研发 DH pay 支付系统、DH link 物流平台、DHfinet 金融服务平台和全球风险控制系统，开发移动电子商务平台、多国家多语言平台，通过应用 Facebook、Twitter 等 SNS 营销工具，实现敦煌网账号与 Facebook 等账号的互联互通，大大扩充了敦煌网平台的海外市场，并且，在 2015 年与腾讯合作，推出 Socialshops 移动电商社交 B2B 平台，双方强强合作，极大地增加了敦煌网在海外客户中的认知度。

敦煌网开创了"为成功付费"的在线交易模式，突破性地采取佣金制，免注册费，旨在买卖双方交易成功后收取费用；敦煌网提供诚信担保机制，实现了小制造商、贸易商与零售卖家之间的对接；此外，敦煌网针对一些已经接触过电子商务、有货源但是技能跟不上的企业，推出了外贸管家服务。针对这些企业，敦煌网会定期与企业见面，将客户对商品的样式、质量的反馈以及要怎么样推广这些商品与企业及时交流，以保证企业的交易成功率。

敦煌网目前线上商品种类 1300 多万种，国内优质供应商 190 多万家，全球买家 1900 多万个，业务遍及全球 220 多个国家和地区，拥有 50 多个国家的清关能力，200 多条物流专线，以及 17 个海外仓。

APEC（亚洲太平洋经济合作组织 Asia-Pacific Economic Cooperation，简称亚太经合组织）中小企业跨境电商峰会暨敦煌网卖家大会，于 2019 年 3 月 25 日在深圳大中华喜来登酒店召开。敦煌网卖家赋能"三板斧"——营销、物流与金融，同时敦煌网发布多语种市场拓展战略。

敦煌网致力于应用大数据技术开展跨境贸易便利化实践，开创跨境贸易在信息流、大物流、跨境支付、互联网金融等各领域的创新整合，打造智慧跨境电商交易服务生态产业链，是商务部重点推荐的中国对外贸易第三方电子商务平台之一，是国家发改委的"跨境电子商务交易技术国家工程实验室"，科技部"电子商务交易风险控制与防范"标准制定课题应用示范单位，工信部"全国电子商务指数监测重点联系企业"，工信部电子商务机构管理认证中心已经将其列为示范推广单位。

（二）敦煌网发展历程重大事件

2005 年，DHgate.com 国际交易平台正式上线。

2006 年，获得第一笔融资，公司日益壮大。

2007 年，推出进货港内贸业务，成为谷歌中国市场的重要战略伙伴，双方共同致力于推动中国中小微企业走向世界。

2008 年，DHgate2.0 版上线；8 月与 eBay 结成战略合作伙伴。

2009 年 4 月，与 UPS 结成业务合作伙伴，UPS 服务嵌入敦煌网平台；支付 DH pay 开发上线。

2010 年，敦煌动力营行动启动；与中国建行推出"建行敦煌 e 保通"在线小额贷款服务。

2011 年，发布"敦煌一站通"服务平台；移动平台正式上线，开始移动端布局。

2012 年，推出中国首款外贸交易异动管理平台；12 月与中国物品编码中心签订战略合作协议，成为亚洲第一个拥有全球"身份证"的在线外贸 B2B 电子商务交易平台；在菲律宾设立海外客户呼叫中心，提供 7×24 小时客户咨询服务。

2013 年，正式上线"义乌全球网货中心"；开通在线发货服务，推出国际 e 邮宝；成为谷歌在中国的广告代理商，开启海外营销新渠道。

2014 年，敦煌网俄语平台上线。

2017 年，敦煌网带动国内中小微企业实现出口交易额超 200 亿元。作为外贸电子商务 B2B 平台，敦煌网带动的是外贸和电子商务两个大产业链，以及中小企业这一群体的发展，形成一个多方共赢的局面。

一方面，帮助中小企业规模化应用电子商务平台，并发展壮大；另一方面，直接推动国外买家在线采购"中国制造"的产品，大力拉动"中国制造"优质产品线的增长，增加产品线的丰富度，促进了海外买家的用户体验，促进中国外贸产业的繁荣。

二、敦煌网运营模式

（一）盈利模式

作为一个交易平台，敦煌网为买卖双方提供交易服务，帮助双方在网上完成交易。基于此，敦煌网公司的盈利模式有两种，即交易佣金模式和服务费模式。

1. 交易佣金模式

敦煌网为卖家提供免费注册、免费上传产品、免费展示等服务，只有在交易达成后，才按照交易额向买家收取一定比例的佣金作为服务费。平台采用统一佣金率，实行"阶梯佣金"政策。

为了满足更多中大型的采购商和批发商的需求，提高大额订单在批发采购商中的价格竞争力，进一步鼓励批发订单交易，持续提升服务质量，平台从 2019 年 1 月 8 日起，对部分二级类目的佣金率进行调整：

（1）单笔订单金额小于 300 美元，平台佣金率由 8.5%～15.5% 调整至 12.5%～19.5%；中国品牌手机平台佣金率由 1.5% 调整至 5.5%。

（2）单笔订单金额大于等于 300 美元，平台佣金率不变。

所涉类目及调整后费率，详见敦煌网网站。

新佣金率生效后，系统将自动刷新针对买家的展示价格，卖家无须自行操作，单笔订单收入也不受影响。

2. 服务费模式

由于跨境电商交易所面对的市场是全球 200 多个国家和地区，且跨境电商的整个交易流程更加复杂，也就需要更多的服务环节来支持。基于跨境电商的这个特点，敦煌网会为用户提供物流、金融服务、代运营等一系列服务，并从中收取相应服务费。

（1）服务费。敦煌网为商家提供入驻开店、平台运营、营销推广、资金结算等一系列服务。

（2）营销推广。为帮助商家提高产品曝光度，平台提供由营销工具，包括定价广告、竞价广告、展示计划等，商家通过购买敦煌币的方式进行付费。

（3）代运营服务。平台为商家提供培训、店铺装修及优化、账号托管等服务，并根据服务类型收取相应的费用。

（4）一体化外贸服务。平台能够为商家提供跨境交易一体化服务，包括互联网金融服务、物流集约化品牌、国内仓和海外仓仓储服务、通关、退税、质检等，并收取相应的服务费。

（二）安全管理

敦煌网有一整套诚信安全交易的机制来保证交易双方都在公平合理的平台上工作，并制定公正的产品曝光规则，大幅提升了海外买家在敦煌网搜索和购买产品的交易体验，保证敦煌网平台市场的安全和公平。

（三）敦煌大学

敦煌大学是敦煌网唯一认可的以线上培训、线下培训为主线，校企合作、人才服务和创业指导为辅的全方位、多元化的跨境电商知识培训平台，平台成立已有 12 年时间。平台向有意从事跨境电商的创业人群、就业人群和中小企业人群提供实战型的培训。敦煌大学配备最专业的讲师团队，传授最核心的运营秘籍、最实用的运营技巧，传递最新一手的信息。

为践行国家"一带一路"倡议，解决"互联网＋"时代背景下跨境电商人才缺口问题，各大高校纷纷开设跨境电商课程。平台政策更新信息不能及时获得，实操课程指导缺乏实战性，知识体系缺乏系统性，导致培训过程中问题屡屡出现。鉴于此，敦煌大学为广大高校教师量身定做了一套培训课程。平台课程为高校教师提供实用型、复合型的跨境电商培训知识，为高校学生创业成功提供助力和支持。

（四）敦煌网的服务链

作为跨境电商领域 B2B 出口贸易的创新者，敦煌网是中国最早将信息流、资金流、物流实现"三流合一"的出口电商平台。敦煌网发挥整合优势，为平台用户提供完整的平台资源整合业务。

1. 信息流运作模式

敦煌网针对买卖双方分别开设中英文站点，并且提供了相应的翻译工具。敦煌通是为了方便买卖双方即时在线沟通交流的一种聊天工具，可以让卖家更加方便快捷地了解客户的需求及问题，简单快捷地管理买家信息。

2. 资金流运作模式

敦煌网推出了两方面的服务，一个是跨境在线支付，另一个是为国内商户提供无抵押贷款服务。

敦煌网针对不同用户的支付需求，提供了近30种安全有效的在线支付服务，包括国际支付和本地化支付。目前支持的在线支付方式有 VISA、MasterCard、西联支付、Moneybookers，另外，本地化支付还包括新加坡 NETS、英国 Maestro、法国 Carte Bleue、德国 Giropay、俄罗斯 WebMoney、巴西 Boletos、荷兰 iDeal、澳大利亚 Bpay 等 30 多种支付手段。此外敦煌网与中国银行合作，VISA/MasterCard 用户直接人民币结汇。

除此之外，DH pay 是敦煌网旗下独立的第三方支付工具，至今已支持 224 个国家和地区 400 万规模的买家实现在线跨境支付。这些方式可以很好地覆盖并服务全世界大部分买家。

敦煌网与中国建行合作，共同推出"建行敦煌 e 保通"，为商户提供网络融资服务。敦煌网平台的商户凭借在敦煌网交易的实时记录和积累的信用，即可无实物抵押、无第三方担保申请"e 保通"贷款。

3. 物流运营模式

敦煌网与国际知名物流公司 UPS、DHL、EMS、TNT、FedEx 等进行战略合作并建设敦煌网一站式物流平台 DH link，通过全球主要区域的海内外仓储网络、海外国内配送网络、国际干线物流网络等的体系建设和资源整合，帮助企业完成"端到端"物流和标准化的外贸阳光快捷安全通关和物流服务，实现货品在全球范围内低成本、高效率、安全及时地配送到消费者手中。

敦煌网携手各大第三方物流和货运代理公司，为卖家推出了"仓库发货"物流服务。卖家只需在线填写发货预报，将货物线下发货至合作仓库，并在线支付运费，即可由平台直接提供国际物流的配送。此外，敦煌网在西班牙、俄罗斯、葡萄牙、意大利、德国、法国 6 国开启了海外仓服务。

4. 移动端

为了解决跨境电商交易中买卖双方沟通及时性和时差问题，敦煌网率先推出了业内第一款外贸移动管理平台"敦煌网商户版"App 应用，让商户在移动端也能实现订单管理、订单价格修改、物流状态查询、站内信收发、敦煌通在线沟通等操作。

此外，敦煌网还推出客户版移动端，为全球用户搭建多个移动平台，包括安卓、IOS 系统 App 和 WAP 端网站等，用户可以完成产品浏览、商品询盘、订单管理、支付等整个购物流程。

5. 网货中心

2013 年 11 月 26 日，义乌市政府和敦煌网联合打造的"义务全球网货中心"正式上线。这被认为是区域政府和跨境电商平台合作，通过"帮、扶、带"的方式，推动当地企业实现转型，打通线上线下全球渠道的一个创举。

2013 年，网货中心模式推进到东莞、宁波等货源地。全球网货中心旨在集合当地商务及商品信息，打造一个线上虚拟仓库与线下实体仓库及物流集散中心相结合的外贸货源开放库，并通过一系列技术手段将此开放库与以敦煌为代表的国内外各大电商平台相连接，依托各平台的巨大流量，实现开放库中商品和国内外市场的对接，并形成销售。

三、敦煌网平台规则

（一）注册规则

注册人年龄须在 18 周岁到 70 周岁之间；仅限中国内地的企业或个人，或香港地区企业申请注册。

使用同一营业执照注册的企业卖家账户数量不得超过 10 个；使用同一身份信息注册的个人卖家账户数量仅限 1 个。

企业关联账户不得超过 10 个，个人无关联账户。关联卖家禁止对同一产品重复上架。

卖家每个关联账户使用独立的资金账户，当任意一个资金账户余额为负时，敦煌网有权从其关联账户的资金账户中扣除相应款项，卖家账户如发生违规行为，敦煌网有权视情节严重程度，对其关联账户进行连带处罚。

（二）发布规则

1. 禁止销售（限售）产品规则

敦煌网卖家禁止销售国家法律法规禁止销售、买家所在国家的法律规定禁止销售、根据敦煌网平台要求禁止销售的商品，或被信用卡组织、政府监管机构等第三方机构投诉发布的相关禁限售产品。

因卖家违反禁限售产品规则，发布禁限售产品的，平台会对此类产品收取罚金，该罚金需由卖家自行承担。

2. 知识产权规则

违规情形包括但不仅限于以下举例：

1）卖家账户频繁上传侵权产品。

2）采取刻意规避平台规则或监管措施的方式销售侵权产品，如以错放类目、使用变形词、遮盖或涂抹商标等手段规避，以各种形式暗示产品为品牌产品。

3）信用卡组织、政府监管机构、法院、其他国际权益组织等第三方机构提起诉讼或法律要求。

4）因应司法、执法或行政机关要求，敦煌网对卖家账户进行处理或采取其他相关措施。

每条违规记录自处罚之日起有效期为1年；针对多次发生侵权违规行为或违规情节严重的卖家，平台有权直接进行关闭账户的处罚。

每条投诉记录自投诉之日起有效期为1年；卖家账户在3个自然日内被同一知识产权人投诉多次或多个产品均计为1次有效投诉；平台会根据司法或行政机关的要求对卖家账户做出处理，包括无固定期限冻结、关闭账户、终止账户。

因卖家售卖侵权品、禁销品等行为导致品牌商、信用卡组织或其他国际权益组织的罚款，需由卖家自行承担。

卖家账户产生的罚金或罚款，敦煌网有权从卖家资金账户扣除相应款项。该款项优先从卖家美元资金账户扣除，如美元资金账户余额不足，剩余款项会通过人民币资金账户扣除（汇率以处罚当日的中国银行第一笔的现汇买入价为准），若卖家所有资金账户余额不足以支付相应款项，敦煌网有权处理卖家账户及关联账户，并且保留追究相关损失或法律责任的权利。

（三）交易规则

1. 禁止销售未经授权的产品和相应的仿制品

敦煌网是一个外贸交易平台，买家全部为海外用户，不允许销售未经授权的产品和相应的仿制品。

系统随时对网站上的所有产品进行过滤筛选，挑选出违规产品并下架；与品牌拥有者联合执法，凡被品牌拥有者指正的商品将立即下架；建立一整套举报机制，产品经理甚至卖家有权对违规商品进行举报。

对于违规卖家将采取警告、冻结账户以及关闭账户的惩罚。同时，违规行为将会被记录到卖家档案，从而影响卖家的信用评分以及产品展示。

2. 禁止拷贝他人产品图片以及产品描述内容

卖家如果发现自己拥有的产品图片以及描述内容被其他卖家抄袭，可以向敦煌网进行举报，经核实后敦煌网会协助卖家联系抄袭者并勒令其下架产品并进行信息修改。

3. 禁止在网站上留有联系方式

敦煌网为广大卖家提供了一个免费的交易平台，建立了站内沟通工具（站内信），并且提供了国际支付的解决方案，过滤了绝大多数的欺诈行为，为买卖双方交易进行担保。所有的这些都是能够帮助买卖双方在未曾谋面的基础上建立信任，形成在线交易，因此线下联系和交易是不允许发生的，联系方式包括买卖双方的电子邮件、电话、网址、MSN 以及其他通信方式，在网站的任何地方留有联系方式都是不允许的。网站系统和专门的巡逻人员将对网上内容进行检查，发现违规现象就对卖家采取警告、冻结账户以及关闭账户的惩罚。

4. 禁止采用不正当手段扰乱市场秩序

产品描述和实物严重不符的情况有买家收到的实际产品不具备产品描述功能、实际产品材质和描述不符、以次充好等，此类情况发生会影响到其他诚信卖家的正常经营，使平台的买家流失，并且增加了交易纠纷，无形中延长了付款周期，严重扰乱市场秩序。

设置低廉的商品价格吸引买家注意，与此同时有意提升运输价格，造成运输价格和实际严重不符，导致买家对卖家和网站不信任，买家不但不会继续付款而且会放弃平台。

扰乱平台经营秩序一般违规，给予 1 张黄牌 / 次；严重扰乱平台经营秩序，给予 6 张黄牌 / 次；扰乱平台经营秩序情节严重者将会被关闭账户。

（四）评价规则

和国内采购商过分关注价格不同，海外采购商非常重视诚信问题。正是由于了解到这一点，敦煌网十分关注评价机制，针对供货商制定了一系列诚信机制，统计方面包括成功交易次数、交易金额、失败交易描述、买家评价等各个大项。

供货商在平台上所有交易行为都会被记录下来，商品描述真实与否、回复询盘是否及时、交易发生时候如何兑现、交易过程中服务能力、产品质量、客户评价等这些数据是最为宝贵的，这些数据汇聚在一起，成为描绘供应商服务能力、专业能力的真实画像，反映到敦煌网平台上是越诚信的供货商得到的推广机会和曝光度越高，而那些不诚信的供货商生意机会则越来越少，甚至有可能被踢出交易平台。不过，敦煌网在如何驾驭这些数据上的技能还需要不断改进，最重要的是建立惯性的内部机制，能够做到持续性地收集、分析客户数据。

由于敦煌网只做海外采购商，这样一套诚信机制有效杜绝了国内常见的狂刷信誉值的作弊现象，那些试图刷信誉值的不诚信供货商的生意机会会越来越少，甚至有可能被踢出交易平台。

（五）售后规则

1. 提供第三方质保服务

2014 年 10 月，敦煌网和全球最大的第三方质保服务提供商 Foursquare 达成战略合作，Foursquare 将为敦煌网平台上的 3C 产品提供第三方质保服务。对于敦煌网来说，该服务一方面能为国外买家购买的 3C 产品提供持续有效的售后保障，另一方面也为平台的卖家减轻售后服务的负担和压力，有利于提升买家的购买体验，提高敦煌网 3C 类产品的销售量和好评率。

2. 卖家售后服务承诺

2015 年 7 月，敦煌网"卖家售后服务承诺"正式上线，卖家可以根据不同的产品自己设置相关的服务承诺，有售后服务承诺的产品在订单展示页都会有标记，买家能很清楚地知道服务范围具体是什么以及对他有什么保障，让买家觉得选择购买该产品将更有保障。不仅如此，还能有效避免纠纷引起的麻烦，真正做到"我的服务我做主"。

四、敦煌网裂变

敦煌网创始人、CEO 王树彤认为，新贸易时代的来临，贸易组织形式的迭代更新，正为敦煌网这样的领先者带来高速增长的产业机会。得益于技术的助力，全球化贸易正日益简单高效，触手可及。

2018 年 3 月，敦煌网创始人、CEO 王树彤在深圳做主题演讲时，停顿了一下，她随手拍下一位与会者的皮鞋，在敦煌网 App 准确找出了照片中的商品，并从商品库中找到 394 个相似的同款。

这款基于 AI 图片搜索推出的"相似推荐"功能，自敦煌网上线以来，帮助其平台上的海外买家，轻松一键找到同款，采购转化率提升 10%，移动端 GMV（Gross Merchandise Volume，网站成交金额）更因此提升 20% 以上。这家 B2B 电商平台即将推出"智能搭配"功能，"当一个买家在巴黎街头的咖啡馆，看到一名美女的衣服，随手一拍，不只能搜到相似款，还可以帮忙智能搭配符合巴黎时装周最 in 潮流的裤子、鞋子。"王树彤描述说。

大数据、云计算、AI、VR 等技术的发展，正在塑造一个"新贸易时代"，生意变得越来越智能、便捷，而敦煌网则准备以技术创新、模式迭代，继续引领数字贸易，"可以让商品和服务实现可视、可听、可触、可感、可用，外贸可以和内贸一样简单"。

（一）数字贸易新变化

一般消费者很少注意到，自从互联网兴起以后，中国贸易形式发生巨大演变，在快速更迭之后，现在正进入数字贸易的 4.0 时代，也就是新贸易时代。

"企业服务、企业管理、投融资、研发环节均被整合进贸易环节，政府监管相关的关检汇税服务也不例外，由整合和数据分析形成洞察力驱动的贸易链条，这是我们定义的新贸易时代。"埃森哲一位高级咨询顾问在 APEC 中小企业跨境电商峰会上如此分析。

处于国际贸易前沿一线 10 余年的王树彤认为，新贸易时代，会带来全新的贸易场景和商业机会，她将"新贸易"总结为三大特点：

（1）数字化、智能化。大数据、云计算、区块链等技术广泛应用，将令生意变得更加智能、轻盈。

（2）贸易即服务。营销培训、仓储物流、关检税汇、支付金额等，将会不断智能化、集约化、平台化，平台的价值将不再局限于流量，"要服务、上平台"将成习惯。

（3）融合无界。与跨境电商更多聚焦于线上的资源整合不同，新贸易必须是线上线下的融合、全球化与本地化的融合。

新贸易时代背后是一个待发掘的富矿。根据咨询公司 Frost & Sullivan 预测，随着数字化贸易市场的发展，自 2015 年起，跨境贸易出口额会以每年 50.1% 的速度增长，预期到 2021 年，全球 B2B 数字化交易规模会超过 6.7 万亿美元，将是 B2C 交易市场的两倍，中国将占据其中相当大的部分。

先行者已经开始享受这样的红利。2017 年，敦煌网的 B 类买家数量增长 71.6%，B 类新买家数量增长 90.9%，年采购额在 5000 美元以上的买家数量增长 36.9%，VIP 买家每月平均采购 7 次，全年平台转化率提升 39.7%，越来越多的 B 类采购商通过敦煌网采购来扩大它们的交易规模。

可以说，借力新贸易时代，中小企业完全有机会成为赢家。以经营数码产品的深圳纽高新电子数码有限公司为例，其早年在深圳档口经营，随着互联网的冲击，一度亏损，该公司由敦煌网开始走上跨境电商之路，迅速实现了出单，在积累一定 B 类买家客户之后，又依托平台大数据，构建自己的生产体系，提升产品性价比，2017 年店铺销售额已达 250 万美元。

目前，已经有 170 多万家供应商和全球 222 个国家和地区的 1500 万家采购商在敦煌网平台上进行国际贸易。世界银行成员国际金融公司（IFC）针对 155 个国家和地区的中小微企业的调研则指出，过去 80% 的国际贸易发生在少数的大型跨国企业中，未来这 80% 的跨国贸易将发生在中小企业中。

（二）综合赋能平台

新贸易时代的产业特性、客群结构、业务需求等变化，也为平台自身的模式和服务能力提出了新需求。

举例来说，多频次就要求全流程的及时响应服务。在春节前，一家深圳贸易公司的老板因为 2 个集装箱货物需提前发货而焦头烂额，因为临近年关他找不到任何出口服务资源，最终是敦煌网的智能物流服务为他解了燃眉之急。敦煌网委派专人上门服务，一天之内将货物运输到码头并完成了清关手续，第二天货物就上船离港了。敦煌网根据其货物属性并运用敦煌网智能算法为其从国内到南美的数十条航线中匹配了一条最优路线，费用比平时还低了 5%。

为帮助中小卖家服务触角前置到全球各地，敦煌网同时力推"海外数字贸易中心（DTC）+一网万店"模式，结合线下看样、线上下单，整合售前、售中、售后，全流程服务，海外采购商可享受现场体验样品，手机扫码下单，现场提货并享受退换货等本地化服务，解决了跨境贸易最大的问题——信任难题。

截至 2017 年年底，DTC（Digital Trade Centre，数字贸易中心）已在美国、澳大利亚、俄罗斯等全球 7 个国家落地，并准备拓展到更多国家。

基于技术创新、综合服务以及本土落地能力，使得敦煌网成为一个服务于中小企业的综合性"赋能"平台。以 2017 年推出的"王牌卖家"计划为例，可提供的全渠道流量支持、专属的优惠政策和服务以及多种展示渠道和资源，助力中小企业销量迅速增长。

比如，经营发制品的许昌奥源，在 2017 年 5 月加入"王牌卖家"计划，在短短三个月内将自己的店铺做到销售额月均 11 万美元，其后，奥源在 11 月将自己的样品放进敦煌网在洛杉矶的 DTC，线上线下结合的多渠道推广助其销量一路走高，最终实现 2017 年销售额同比 2016 年增长超过 500%。

2018 年 2 月，奥源和敦煌网一道赴亚特兰大参加线下展会，进一步揽获了大量的 B 类买家。这个飞速发展的过程甚至带动了许昌相关产业带的上线。2017 年，仅许昌一地上线敦煌网的新卖家就超过 200 家，敦煌网正在以综合服务平台的角色，提供整体解决方案，帮助中国商家、中国品牌"出海"。

敦煌网 CEO 王树彤认为，新贸易时代的来临，使得贸易组织形式迭代更新，为敦煌网这样的领先者带来了高速增长的产业机会，"我们用 14 年的积累，实现了从 0 到 1，接下来，通过'新贸易'，我们将实现从 1 到 n 的裂变。"

五、敦煌网 2018 年"网一"创纪录

2018 年海外最大的购物狂欢节"网络星期一"当天，跨境电商平台敦煌网（DHgate.com）平台 GMV 创历史新高，同比 2017 年"网络星期一"增长 57%，订单量同比增长 49%，仅用 13 个小时就超过了 2017 年"网络星期一"当天的销售额。在 2018 年的"网络星期一"大促中，敦煌网经过精细选品、全方位的宣传引流、多样玩法助力、精准数据支撑，辅以 PC+ 移动 App 联动促销，全面提升购物体验，吸引全球买家参与购物狂欢。敦煌网"网络星期一"的战绩，也体现了在数字贸易浪潮之下，中国优质产品和品牌借助跨境电商平台"出海"可以创造无限可能。

根据平台大数据分析，敦煌网罗列了"网络星期一"大促期间的两大亮点。

1. 3C 继续发力，运动户外、鞋、健康美容等品类强势增长

品类方面，优势品类继续强势增长，更多热销品类紧随其后，也表现出了较大的增幅。本次敦煌网"网络星期一"大促中，消费电子、手机和手机附件、运动与户外产品销量位居前 3 名，鞋类及鞋类辅料、健康与美容、服装、婚纱礼服、家居、表等品类 GMV 也紧随其后，表现抢眼。销售额增幅前 5 名的行业分别是：婚纱礼服、汽配、表、服装、时尚配件，最高增幅达到 206%。

敦煌网品类丰富且产品性价比高，物流和支付服务愈发成熟、标准化，多年积累的海量 B 类批发买家保持较高的复购率，同时，敦煌网还通过 SEO、PPC、社交媒体、PR 宣传等渠道持续获取高质量的买家资源。整个平台在品类、买家、服务等各方面保持活力，让买家享受一站式交易和服务，除了持续热销的消费电子、手机等 3C 产品，休闲鞋、运动鞋、球服、户外装备、礼服、彩妆、假发等单品也疯狂热卖，爆品频出，成为买家需求非常高的产品。

卖家参与大促的热情也空前高涨，不少卖家在此次大促中销量翻番，成交金额前 5 名的省市分别是：广东、福建、浙江、江苏、北京。

2. 美英加买家占领剁手榜单，最远国家销售额增幅达 395%

敦煌网"网络星期一"大促让中国制造的优质商品销往全球 222 个国家和地区，其中美国、英国、加拿大、法国、西班牙继续领跑敦煌网"网络星期一"剁手榜单前 5 名国家，销售额前 10 名买家国家里，瑞典、意大利、法国增幅较大。最远的买家来自阿根廷，该国采购量同比增长 395%。作为跨境电商平台，敦煌网的产品正在覆盖全球越来越多的国家和地区，真正实现"卖全球"。

2018 年 "双 11"，敦煌网与阿里、亚马逊几乎瓜分了中国出口电商的全部版图，三家出口额占比 91.8%，而其他所有出口平台的总额只占剩下的 8.2%。其中，阿里和亚马逊是 To C（面向终端消费者）巨头，而敦煌网则是 To B（面向中小零售商）跑道上跨境电商的 "领跑者"。

古代 "丝绸之路" 上的敦煌，曾经是盛极一时的中西文化和商贸交流的中心；信息时代的敦煌网，会继续借助互联网打造新时代的 "网上丝绸之路"，成为永不落幕的中西文化和商贸交流的中心。

启发性思考题 ≪

1. 敦煌网的成立与发展历程反映了跨境电商平台怎样的发展趋势？

2. 为什么敦煌网认为批发买家才是跨境电商的核心买家？

3. 敦煌网的裂变说明了什么？

4. 登录并注册敦煌网，熟悉敦煌网的操作流程和平台规则。

5. 敦煌网提出的 "网上丝绸之路" 应如何促进 "一带一路" 倡议的发展？

案例四
海囤全球

一、海囤全球简介

（一）海囤全球介绍

海囤全球由原"京东全球购"更名而来，主营跨境进口商品业务，是京东旗下所属品牌。京东创始人兼 CEO 是刘强东先生。京东全球购是 2015 年京东开启的跨境电商业务，旨在为用户提供海外商品。经历了 3 年的积累与沉淀，京东全球购开辟了与京东商城颇为不同的经营模式，相较于"大而全"的普通电商平台，它只专注于一个领域，那就是跨境直购业务，分类更精细、受众更垂直、服务更专业。

2018 年 11 月 19 日，京东正式将旗下全球购品牌全面升级为"海囤全球"。官方称"海囤"意为"海量囤积海外好货"，又谐音"海豚"，海豚作为人类在大海中最亲密的伙伴，聪明、活泼、亲切、值得信赖。

海豚畅游全球，勇敢、奋进、勇于探索。海豚可以为航海者领航，帮助航海者找到回家的方向，是幸运的象征、安全的象征。跟着海囤全球就能买到精挑细选的多品类商品，海囤全球有近 2 万个品牌入驻，品类特别全，比如时尚、母婴、营养保健、个护美妆、3C、家居、进口食品、汽车用品等，海量囤货更方便，只有想不到没有买不到。不用出境，不用代购，放心海囤。

海囤全球标志见图 4-1。

图 4-1　海囤全球标志

（二）海囤全球升级举措

海囤全球进行了 6 大层面业务升级举措。

1. 原汁原味，海外原产地自营直采

定位于"全球直购平台"的海囤全球专注原产地直购模式，建设海外直采中心，自营直采，从源头保证商品的质量，在品类方面也有了很大的丰富。

2. 优选品质，区块链技术防伪溯源

海囤全球推进更多商品实现全程区块链溯源和千里眼溯源，通过"溯源检查官"走访更多品牌原产地进行溯源检查。质检标准、质控举措、品质标签等都进行了升级。对买手也进行了升级：进一步加强买手甄选机制，买手基本都有5年以上的相关行业专业经验，很多人拥有十多年的专业买手经验，买手团会深入世界各地的工厂、产地遴选商品，严把源头质量关，按照最高标准遴选品牌与产品。

3. 送达超快，京东物流高效又可靠

依托京东集团强大的国际物流和国内物流支撑，能够实现商品从海外到国内的一条自建物流配送，既高效又可靠，京东物流有110多个海外仓，10多个跨境口岸，近千条全球运输链路，如果买家身在国内一、二线城市的话，可以百分百实现当日达或次日达，最短的等待收货时间只要1.5小时。未来，京东物流还会和社会各界共建全球智能供应链基础网络（GSSC），推动全球供应链的智能化发展，全面降低社会成本，提高流通效率。

4. 售后安心，退货赔付没有后顾之忧

海囤全球购物可享受假一赔十服务保障，以及7天质量问题无忧退货服务，闪电退款、30秒响应及100分钟解决、价格保护、30天质保、错发免单、即刻赔、国内退货、上门取件等多种售后政策，保障购物消费售后无忧。

5. 重视体验，给予顾客专业的购物体验感

专业的购物体验感和改版后全新的站内页面，清晰且一目了然；小程序创新使其用起来也更加方便，帮助整个"海囤体验"更加专业。

6. 商家赋能，开放大数据和供应链

海囤全球作为京东旗下全球直购平台，会对商家进行品牌营销，对其进行流量提升和心智占领；开放大数据给商家，通过AI提升供应链效率；在整个供应链环节中，上游采购、保税区、金融方案、进出口通关、国际物流等，在每个环节提供赋能；还有商家培训和成长机制，做任务、学课程、报活动、问导师，实现真正的成长。海囤全球的商品足迹遍及美国、加拿大、韩国、日本、澳大利亚、新西兰、法国、德国等70多个国家和地区。作为优质的跨境电商平台之一，海囤全球的各个品类都是优势品类，特别是美妆品和保健品，一直是海囤全球的优势类别，

这两样既是生活必需品又是日常消耗品，最适合囤货。

目前，海囤全球从全球 70 多个国家和地区直接采购商品，覆盖约两万个海外品牌，1000 多万个 SKU（Stock Keeping Unit，最小存货单位）。

二、海囤全球平台规则

（一）注册规则

用户使用海囤全球开放平台注册信息经授权登录的海囤全球开放平台账户，应当严格遵守《海囤全球开放平台用户注册协议》《海囤全球开放平台授权须知》。用户在选择用户名时须遵守相关国家法律法规，不得包含违法、涉嫌侵犯他人权利或干扰海囤全球开放平台运营秩序等相关信息。否则，海囤全球开放平台将有权收回会员账户，监管商家店铺，直至会员或商家按照海囤全球开放平台规则进行改正。

用户必须满足以下条件，才有权申请加入海囤全球开放平台，成为商家。

第一，商家遵守海囤全球开放平台的招商标准。

第二，商家及其销售的商品或提供的服务须具备相应资质，详细信息请见《海囤全球开放平台招商标准及商家入驻规范》。

第三，商家及其销售的商品需符合《海囤全球开放平台商品信息发布规范》及跨境电子商务涉及的相关法律法规、国家有关法律法规等。

第四，商家有效签署《海囤全球开放平台店铺服务协议》等服务／合作协议，并达到协议约定的开通服务条件。

第五，商家同意海囤全球开放平台全部规则及其他合理条件。

考核年度内，若商家出现严重违规累计扣分达 100 分等情形，海囤全球开放平台有权清退该商家并执行关店。

（二）发布规则

所有商家须严格按照《京东国际开放平台招商标准及商家入驻规范》在海囤全球开放平台发布商品信息，但不得发布违法、违规商品信息，若因违反本规则发布商品信息而引起的法律责任由商家自行完全承担，与海囤全球开放平台无关。一旦海囤全球开放平台发现有任何违反规则的商品信息，有权立即删除，并保留对商家进行处罚直至终止合作的权利。

商品发布要素说明：

（1）商品标题。在商品标题中可以简单明确地说明商品属性，并使用描述性的文字，但不允许滥用品牌名称及与该商品无关的字眼。

（2）商品图片。清晰美观的图片对促进交易起着重要作用，商品都需要添加图片展示。Banner 图片规格为 980×250 像素、Logo 图片规格为 180×60 像素、商品描述图片规格宽度为 700 像素，分辨率均为 72 像素。

（3）商品描述。向买家展示商品的各项特征和属性，详实的商品描述对于能否成功出售商品起着至关重要的作用。

商品描述应对商品外观、颜色、尺寸、成分、含量、质量、包装、保修、保质期、产地、功能、用途等商品属性进行说明，这将有助于买家更全面地了解商品属性。任何为吸引买家而使用的夸大描述、不实描述，以及指向其他网站商品说明链接取代描述都是无效的。

（4）商品价格。市场价格是指商品在线下市场的售卖参考价格；海囤全球开放平台价格是指商品在海囤全球开放平台的实际售卖价格。

（5）商品数量，分为单品数量即 SKU 数量和单品库存数量。店铺在售商品数量最少不低于 60 件，单品库存数量不能为 0。

（6）商品类目。店铺在售所有商品的类目必须与海囤全球开放平台系统保持一致。

（三）交易规则

商家应当按照海囤全球开放平台系统设置的流程和《海囤全球开放平台商品信息发布规范》等要求发布商品和服务。

1. 商品如实描述

"商品如实描述"及对其所售商品和服务质量承担保证责任是商家的基本义务。"商品如实描述"是指商家在商品描述页面、店铺页面、活动页面、咚咚等所有海囤全球开放平台提供的渠道中，应当对商品的基本属性、成色、瑕疵等必须说明的信息进行真实、完整的描述。商家在海囤全球开放平台发布的商品或信息应当严格遵守《海囤全球开放平台商品信息发布规范》及相关国家、行业法律法规。

2. 商品标准保障

商家应保证其出售的商品在合理期限内可以正常使用，提供的服务符合承诺标准，包括商品不存在危及人身财产安全的不合理危险、具备商品应当具备的使用性能、符合商品或其包装上注明采用的标准、符合提供服务时承诺的标准，且承诺标准不低于进口国和行业标准等。

3. 客服团队

商家应配备专门的中文客服团队（或人员）使用咚咚处理来自海囤全球开放平台消费者的问题。

（四）评价规则

消费者有权基于真实的交易在订单交易成功后进行评价，商品评价资格有效期为订单完成后 180 日内，满意度评价资格有效期为订单完成后 3 个月内。

海囤全球开放平台店铺综合评分由消费者对商家给出，服务评分包括商品描述相符、商家送货速度、商家商品质量、售后服务水平等。评分采样周期为最近 180 日，计算规则为算术平均值。采样周期内，相同消费者与商家之间的订单满意度评价仅提取前 10 次评价，售后满意度仅提取前 5 次评价。

（五）售后规则

1. 30 天质保服务

"30 天质保"服务是指商家承诺当消费者购买其店铺商品后，自消费者签收商品之日起 30 天内（自签收次日零时起满 720 小时为 30 天），若商品出现因性能故障而导致无法使用的质量问题，则商家将根据商品具体情形在平台规定时效内，向消费者提供维修、免费补寄零配件、退货退款等形式的售后保障服务。

适用范围：部分特殊类目除外（如 3C 数码、钟表、服饰、鞋靴、珠宝、首饰、礼品箱包、运动户外、安全座椅）。

2. POP 安全座椅无忧服务

POP 安全座椅无忧服务是指消费者在海囤全球平台购买安全座椅类商品后，若消费者在使用后指定时间内出现非人为损坏，商品因出现性能故障而导致无法正常使用而发起维权申请的，商家承诺会在 48 小时内响应消费者发起的维权申请，若消费者提供有效凭证的，商家应为消费者提供相应的维修、退货退款服务。

适用品类：母婴类目下的"安全座椅"品类。

3. 尿裤类红屁屁退货无忧服务

尿裤类红屁屁退货无忧服务是指消费者在海囤全球开放平台购买带有"红屁屁退货无忧"服务标识的商品后，若消费者在使用后指定时间内出现宝宝"红屁股"现象并发起维权申请的，商家承诺会在 48 小时内响应消费者发起的维权申请，若消费者提供有效凭证的，商家应为消费者提供相应的退货退款服务。

适用品类：母婴一级类目下的"婴儿尿裤、拉拉裤"品类。

4. 破损包赔服务

破损包赔服务，是指消费者在海囤全球开放平台购买带有"破损包赔"服务标识的商品后，在消费者签收后 72 小时内（酒类、鱼缸商品需 24 小时内）以"商品破损"原因在线发起售后申请且提供有效凭证的，商家会在 48 小时内响应消费者申请，为其提供退货退款或补发商品等形式的服务。

适用品类：厨具类的烹饪锅具、茶具／咖啡具、餐具、酒店用品；家装建材类的灯饰照明、厨房卫浴、装饰材料、电工电料；宠物生活类的水族类；酒类的中外名酒；母婴类的洗护用品、营养辅食、奶粉；农资绿植类肥料、花卉绿植；食品饮料类的进口食品、粮油调味、茗茶、食品礼券（月饼）、休闲食品、饮料冲调。

销售上述类目商品的商家可自愿申请开通破损包赔服务，并承诺按照此规则为消费者提供相应服务。若商家退出破损包赔服务，仍需对服务期间已经生成的订单按照此规则履约。

5. 晚到必赔服务

晚到必赔服务是指消费者在海囤全球开放平台上购买商品且付款成功后，商家未在服务承诺时效内送达的（已买到订单标识页面注明配送时间预计"x-y 天送达"，y 天的截止时间是指当日 24 时前），商家需向消费者支付违约金，实际订单支付金额的 30%（同一个订单首次发货超时后的二次发货超时，可赔付订单实际支付金额 10%），赔付上限 500 元。

若满足上述条件的订单，未在承诺时效内送达，消费者可以向商家申请违约补偿。

消费者可在超过承诺配送日期起，至交易关闭或交易成功的 15 天内发起申请，否则海囤全球开放平台有权不予受理。

6. 30180 无忧保障服务

30180 无忧保障服务是指消费者在海囤全球开放平台购买带有"30180 无忧保障"服务标识的商品后，商家承诺消费者在签收后的 30 日内（自签收次日零时起满 720 小时为 30 日），所购买的商品出现非人为故意损坏（意外坠落、挤压、碰撞）性能故障情况，可享受 30 天意外保护免费维修。消费者在签收后的 180 日内（自签收次日零时起满 4320 小时为 180 日），所购买商品出现性能故障无法正常使用，可享受 180 天性能保护给予免费维修（维修服务费上限为购机费用，超出后不再承保）。

适用品类：海囤全球开放平台数码、家电类目商品。

7. 7 天退货服务

海囤全球开放平台提供 7 天内退货服务。鉴于海囤全球开放平台商家提供的所有商品均为境外发货，因此仅提供退货服务，即确认收货后，在明确非客户责任的前提下，客户可以提交退货请求。非客户责任一般是指非客户导致的诸如运输造成的损坏、商品质量问题、错发漏发、完全不符合页面中商品信息的描述。

三、海囤全球运行机制

（一）严格把控商品质量

京东的入驻商家要经过严格的审核和调查，对于它们的运营资质和产品质量都有着非常高的要求。

海囤全球采用买手甄选机制，买手基本都有 5 年以上的相关行业专业经验。买手团通过实地考察品牌方的原产地和工厂，为消费者发现"新奇特"产品，还会去国外招商、宣讲，在当地专业机构的协助下，挑选全球好物。

2018 年以来，海囤全球全面升级商品品质管控举措，包括：推进更多商品的全程区块链溯源和千里眼溯源；"溯源检查官"将深入更多品牌原产地的工厂、原料种植区、仓库等进行溯源检查；商品入仓检查的质检标准将进一步升级；为海囤全球的商品打造更多品质标签等。

为了给消费者提供更好的产品体验，海囤全球在 2018 年 7 月份开始，陆续开始关闭大量的海淘店铺，关闭原因全部是售假！对于售假的店铺，每个商家罚款 15 万美元（约 100 万人民币），据不完全统计，2018 年，已有 200 ～ 400 家海淘店铺被关闭！京东方面回复说：本次鉴定为京东内部管控抽检，鉴定过程全流程公证，且有品牌方鉴定报告，鉴定结果真实有效！

2018 年 12 月，海囤全球针对其澳大利亚母婴合作品牌商 Bubs、雀巢、A2、Brauer 及健合集团旗下合生元、Swisse 品牌进行了溯源检查，范围包括工厂、牧场、办公室等多个环节，意在检验品牌商是否按照标准从源头把控商品品质。

在消费升级的大环境下，消费者海淘所面临的主要痛点是商品的质量及来源问题，而海囤全球在全球购的基础上增添了溯源检查制度，从源头上解决了消费者对于正品、质量的困惑。同时，自营直采模式满足了消费者以合理价格购买海外商品的需求，并沿用了京东物流的仓配模式，这一系列举措将有望改善消费者在跨境购时的购物体验。

（二）京东物流体系

京东物流隶属于京东集团，以打造客户体验最优的物流履约平台为使命，通过开放、智能的战略举措促进消费方式转变和社会供应链效率的提升，将物流、商流、资金流和信息流有机结合，实现与客户的互信共赢。

当今跨境电子商务正方兴未艾，电商平台跨境电商的深入发展，也带动了跨境物流的进一步优化升级，京东是涉及跨境电子商务业务最早的电商平台之一，对跨境物流模式的探索也处于前列。目前，京东跨境物流采取的是自营物流与第三方物流协调发展方式。针对跨境物流的需求因国家、地区、政策等差异而有所不同的问题，京东的战略是倾向于对物流需求差异的布局。

京东物流通过布局全国的自建仓配物流网络，为商家提供一体化的物流解决方案，实现库存共享及订单集成处理，可提供仓配一体、快递、冷链、大件、物流云等多种服务，目前京东跨境物流网络已经全面开放，包含 10 余个跨境口岸、110 多个海外仓，近千条全球运输链路以及覆盖中国全境的配送网络。因此，海囤全球旗下的自营商品和使用京东物流配送的非自营商家的商品均可实现极速送达。

京东物流以降低社会化物流成本为使命，致力于成为社会供应链的基础设施。基于短链供应，打造高效、精准、敏捷的物流服务；通过技术创新，实现全面智慧化的物流体系；与合作伙伴、行业、社会协同发展，构建共生物流生态。通过智能化布局的仓配物流网络，京东物流为商家提供仓储、运输、配送、客服、售后的正逆向一体化供应链解决方案，快递、快运、大件、冷链、跨境、客服、售后等全方位的物流产品和服务以及物流云、物流科技、物流数据、云仓等物流科技产品。京东是拥有中小件、大件、冷链、B2B、跨境和众包（达达）六大物流网络的企业。

京东在全国范围内拥有超过 500 个物流中心。京东跨境网络也已全面开放，包含了 10 余个跨境口岸、110 多个海外仓，近千条全球运输链路以及覆盖中国全境的配送网络。目前，海外直邮的进口商品平均时效提升至 3.9 天，核心城市隔日达。使用京东物流的海囤商品在国内一、二线城市 100% 可实现当日达或次日达，30 万个配送网点解决最后 1 公里配送，最快可实现 1.5 小时送达。同时，京东也会要求和帮助非自营商家通过保税仓或者海外直邮等方式，进一步提高配送时效。

京东物流正在搭建全球智能供应链基础网络（GSSC），并与超过 200 家的企业形成了共生的战略伙伴关系，包括 DHL、中远洋、福佑等。同时，通过搭建全球智能供应链基础网络

（GSSC），建设实体的通路网络与智能平台，推动供应链的无缝连接和快速反应，达到商流、物流、资金流、信息流的协调通畅。

物流配送是影响消费者体验的重要一环。通过多年发展，京东在物流方面已经拥有了相对成熟的经验，并在实践中不断完善以带给消费者便捷、快速的购物体验。优质的物流体验已经成为京东商城的主要优势，标准达、京准达、上门自提以及退换无忧等服务为消费者带来了更多的配送选择。

1. 黑科技智慧供应链

2018 年 11 月 11 日，京东物流投入使用了全国规模最大的机器人仓群，不同层级的无人仓数量达到 50 个，分布在北京、上海、武汉、深圳、广州等全国多地，全面提升运营效率；还有无人车、无人机、智能打包机、外骨骼机器人、智能运筹系统等"黑科技"为海量订单提供支撑。16 座大型智能化物流中心"亚洲一号"持续提升订单处理效率，11 月 11 日，单体仓库日处理订单量突破 70 万单，创行业最高。

从 2007 年京东第一家配送站开始，京东物流现如今已经拥有全国大规模的智能物流仓，京东物流通过无人机器人改变了整个物流行业的格局，京东的无人仓就是通过机器人仓实现全自动分拣中心，依靠人工智能大数据来自动识别订单完成分拣工作，"双 11"订单高峰期间确保订单按时间优先级有序分拣配送，保证消费者"早下单早收货"。在无人技术应用领域，京东是最早布局"智慧供应链"的物流企业，京东的无人仓配，以及无人站、无人机、无人车均已经全面落地，并且在"双 11"期间大大提升了物流的效率和成本。

京东通过无人体系改善了整个物流高峰期间的效率，以无人机、无人仓、无人车为代表的京东智慧物流体系，在降低企业物流成本的同时，也带给消费者更好的物流体验。物流设施趋于完善，爆仓、物流缓慢等问题都逐渐消失，而在所有物流行业中，京东物流更具有技术优势，以及时效和服务优势。

2018 年以来，京东一直在积极布局全球智能供应链基础网络。布局全球智能供应链基础网络的目的就是为了缩短全球商品的"距离"，实现 48 小时中国与全球相通。在国际供应链的设立上，京东物流已在全球五大洲设立超过 110 多个海外仓。京东物流还以中国为中心搭建了近千条国际链路，例如中印通、中泰通、中日通、中澳通等跨境专线，提供进出口等一站式覆盖全球的双向通道。

京东物流国际化已经走上正轨，在印度尼西亚、泰国、马来西亚、美国正在发挥作用，京东物流仓配一体化模式带来的极致速度及优质的服务正在打响民营企业快递品牌，未来中国电商带动的物流也将走向世界。

2. 跨境全冷链供应方式

2018 年 11 月举行的首届中国国际进口博览会（CIIE），共有 130 多个国家（地区）的企业参展，其中包括了 58 个"一带一路"沿线国家。在进博会期间，京东与果锐科技达成战略合作，果锐科技将为包括海囤全球在内的京东多个渠道供应来自非洲的商品。双方还将在国际供应链的跨境物流仓储、城市配送等方面展开深入合作，建立"一带一路"沿线国家商品进入中国的"绿色通道"。果锐科技成立于 2015 年 8 月，与非洲国家政府、产业协会和品牌之间有着紧密的合作，产品国家涵盖乌干达、肯尼亚、南非、埃塞俄比亚等十几个非洲国家和地区，产品种类包括咖啡、蜂蜜、坚果、果干、酒水等。

同时，果锐科技拥有一整套成熟的非洲—中国跨境供应链体系，并与京东物流的国内保税、仓储、城市配送进行深入合作，提升了商品的流通时效。

2019 年 1 月 28 日，"一带一路"国家商品——乌干达 Africhain 天然芒果干、肯尼亚精品咖啡在海囤全球首发。自此，中国消费者可享受到来自东非高原的纯天然非洲食品。此次上线的芒果干，来自盛产优质大芒果的乌干达，采用农场种植—加工一体化的形式，将芒果做成了无添加、无防腐剂的芒果干，再用海、陆、空全程冷链联运的方式运送到国内。这种跨境全冷链的供应方式在国内尚属首次。

3. 京东快递个人业务

众所周知，京东自营的物流服务最初只对京东商城服务，渐渐发展成熟之后，开始对外开放，服务于一些 POP 商家。随着京东物流业务的不断开放，"双 11"京东物流将满足更多非京东商城的服务，为更多商家提供不同品类、不同行业以及不同场景下的物流需求。未来无论是京东商城的商家还是其他开店的第三方商家，都可以用京东快递为自身减少企业运营成本。

在开放商家服务后，京东在 2018 年 10 月 18 日又正式宣布，将开启京东快递的个人业务。主要向北上广地区开放，用户可在 App 下单，最快 1 小时上门服务，先期覆盖北上广，2019 年会推广到中国最核心的 30 ~ 50 个城市。同时，针对消费者寄送包裹的多元化需求，京东快递提供多款细分产品，包括特惠送、特准送和京尊达业务，方便用户自由安排和调整时间。

京东快递已经成为京东的又一个支柱业务，京东物流的智慧供应链体系的建立，也成为其稳固的"护城河"。未来京东将携手更多合作伙伴为社会提升供应链的效率。

（三）京东支付方式

1. 多样化的支付方式

（1）京东支付。京东支付是京东特有的支付方式，不需要账户与密码，也避免了第三方支付方式的干扰，具有显著的安全性，商户不会涉及处理或记录消费者银行卡等敏感信息。

（2）网关支付。网关支付依托网银在线而生，是一个第三方电子支付系统，其本质是以银行卡在线支付为基础。目前可支持中国银行、中国工商银行、中国建设银行、中国农业银行、交通银行、招商银行等 26 家国内主流银行在线支付。

（3）跨境支付。跨境支付是针对跨境电商提供的境外账户信息，通过网银在线的模式为消费用户统一购汇、付汇，包括收单、外管局申报，并承担购汇所产生的汇率差异的风险，是一站式外币兑换平台。

（4）POS 支付。POS 支付是消费者借助于网银在线开通的 POS 机收款解决方案，通过 POS 机刷卡支付。此外，京东还依托移动支付技术与设备，开通了基于移动客户端、移动 App、第三方移动支付平台的移动支付体系。

2. 京东白条

2014 年 2 月，白条在京东商城上线，为用户在购物时提供"先消费，后付款""30 天免息，随心分期"服务，成为行业创新典范。2015 年 4 月，"白条"打通了京东体系内的 O2O（京东到家）、全球购、产品众筹，后来又逐步覆盖了租房、旅游、装修、教育等领域，从赊购服务延伸到提供信用贷款，覆盖更多消费场景，同时为更多消费者提供服务。2016 年 3 月，京东金融推出了首款现金借贷产品——京东金条，即为信用良好的白条用户量身定制的现金借贷服务，是白条信用在现金消费场景下的延伸。2016 年白条开始去京东化策略，升级品牌并独立域名。2016 年 9 月底，正式推出线上线下均能使用的"白条闪付"产品。

（四）盈利模式

1. 直接销售收入

赚取采购价和销售价之间的差价。京东以强大的 IT 系统消化每天发生的 1500 份订单，在线销售的产品品类超过 3 万种，产品价格比线下零售店便宜 10% ~ 20%。库存周转率为 12 天，与供应商现货现结，费用率比国美、苏宁低，毛利率维持在 5% 左右，向产业链上的供货商、终端客户提供更多的价值，实现京东的"低盈利大规模"商业模式。

2. 租金及手续费

这部分收入包括虚拟店铺租金、产品登录费和交易手续费。京东商城是具有独立法人资格的零售批发型企业，能为各个生产商、代理商、经销商、零售商、专卖店或者其他电子商务网站的优质商户（包括单位和个人）提供电子商务平台——网上商店，同时，京东商城会为它们提供完善的供应链管理和协助。京东商城会针对不同的配置收取一定的租金。

3. 资金沉淀收入

利用收到顾客货款和支付供应商的时间差产生的资金沉淀进行再投资从而获得盈利。京东商城上第三方平台有财付通、快钱等。

4. 广告费

目前，网络广告逐步被人们接受。对于一些大型的媒体网站而言，网络广告已经成为其重要的经营收入来源之一。京东引入商家都是年销售额亿元以上，以保证产品的质量，价格上也相对便宜。至今近 80% 的主流 IT 品牌厂商都已经和京东展开直接的合作。

京东在极力推进和发展自己的运营手段，这也是京东相比其他的运营和供销平台体现出来的最大的一个优势，而京东也势必将这种优势继续扩大，甚至可能形成物流产业的一种垄断态势，最终将这种以物流为载体的运营模式发展成为一种独有的营销手段。

同时，京东一直在追求创新和发展，也在不断地追求大数据、人工智能和云计算等高新技术成果，并将这些高新技术运用到公司的发展上，让公司的产业链条更加庞大、体系更加成熟，能够有效应对各种风险，这让京东在同行业的竞争力又上升了一个台阶。

京东是借助于自己的平台销售别人的东西，比如说在京东买一款手机，其实买家选择的是由京东代售的其他商家的产品，并通过京东物流快速送达用户手中，这种效率更加高效，作为中介平台，京东做的就是要提高运营效率，将产品以最快的速度送达消费者手中。

（五）体验营销

2018 年京东全球购（现海囤全球）"京东，618 点燃你的热爱"活动，为"618"进行线下热场，京东全球购（现海囤全球）在北京搭建京东 Joy Space 无界零售快闪店，主题为"美丽不设线"，以美妆潮流为核心，以展台为主要的产品展示方式，同时请来一些时尚网红和时尚芭莎、Vogue 等时尚媒体参与活动。

采用年轻女性感兴趣的商品、时尚媒体、网红等有利于吸引用户的关注和参与，通过这种热场方式拉进平台与用户的距离，提高用户对"618"的参与感和归属感。

四、海囤全球的两个法宝

（一）跨境物流体系搭建，助力品牌高效触达用户

京东全球购（现名海囤全球）自诞生以来，沿袭了"自营 +POP 平台"双模式，依靠京东物流国际供应链、保税仓及海外仓建设，保证全球购商品更安全、更快速地到达消费者手中。

从渠道来看，京东为消费者购买海外品牌提供了以下两种模式：跨境直邮模式和跨境保税模式。

对于跨境直邮模式，消费者在京东全球购下单，由京东物流国际供应链将早已备货在海外仓或商家仓集货后直接发到消费者手中。这种由京东物流全程"保送"的模式，可以做到物流的全轨迹追踪，满足用户随时查询商品订单的需求，让用户买得放心。目前已开通跨境直邮仓及直邮线路的国家和地区有：荷兰、德国、日本、中国香港、英国、澳大利亚、新西兰、美国、韩国、中国台湾、加拿大、泰国。

2018年3月京东物流宣布，将联手沃尔玛在印度尼西亚市场开展全新跨境直邮全球购新模式，与此前的京东跨境物流印度尼西亚本地仓备货模式形成互补。京东印尼将携手沃尔玛，依托沃尔玛全球海量商品及采购实力，在京东印尼全球购平台上向印度尼西亚消费者提供新颖时尚的海外商品。顾客下单之后，京东印尼向沃尔玛采购，再由京东物流国际供应链空运至印度尼西亚进行后续进口清关及当地派送服务。作为互补，京东物流国际供应链的印度尼西亚本地仓备货模式，会将需求旺盛的商品批量进口到印度尼西亚自营仓，消费者下单后商品可立即从离家最近的仓库出货，并快速送到消费者手上。

京东早在2015年11月就开启印度尼西亚本土化策略，设立本地语言的B2C电商平台JD.ID，业务自2016年3月正式运营至今，已拥有两千多万用户。此外，京东在雅加达、泗水、坤甸和棉兰四地设有仓库，并拥有一家名叫Jaya Ekspres Transindo的物流公司。不同于国内市场，京东想要在印度尼西亚市场取得成功并不容易。在一个由1.3万个岛屿组成的国家建立一个配送网络不是一件容易的事情，而且印度尼西亚的机场、公路和海港网络老旧过时，更增添了运送的成本。同时，印度尼西亚人的支付习惯仍旧以现金支付为主，超过60%的人没有银行账户。这也使得京东在印度尼西亚市场任重道远，除了拓展商品和服务，也需要基础设施的建设以及更多电商经验。

跨境保税模式则是新兴产物，其最主要的基础建设就是保税仓。为此，京东跨境物流在国内10余个口岸设立了自营保税仓，包括广州南沙和黄埔、重庆、郑州、天津、宁波等，遍及全国各地实现了全国自营网络100%覆盖。不仅为离港口较近的沿海地区提供更多的进口商品，内陆及西部地区也能同步享受到更多、更好的进口商品。保税仓实现了提前备货，最大程度地优化了京东对于进口商品的管理和配送效率。据了解，京东全球购保税清关时效已缩短至分钟级，处于行业领先水平，实现进口商品国内一、二线城市当日达或次日达，最快履约约1.5小时。

京东成功搭建了涵盖海外仓储、国际运输、跨境保税仓、国内配送等一站式跨境物流解决方案，同时全面开放给优质合作伙伴，这对于品牌商的吸引力更是无须赘言。例如，沃尔玛全球官方旗舰店已入驻京东广州南沙保税仓，凭借自身专业的售前服务，结合京东高效的物流仓配体系，更好实现国内"最后1公里"配送。此外，京东跨境物流开放平台同样吸引了

Rakuten、Inferno、森田药妆等国际顶级品牌入驻，推动了整个跨境电商行业向着更加健康的方向发展。

（二）区块链技术落地，品质溯源让用户买得放心

京东大数据显示，消费者对正品、质保、运输时效等方面的需求在不断提升。同时，对商品质量的控制直接关系到国际品牌的影响力和用户对于跨境电商平台的使用习惯和频次。为此，京东全球购提出了"品质溯源"的理念，成为在全链条采用区块链技术溯源的跨境电商平台。

借助区块链技术，将商品原材料过程、生产过程、流通过程、营销过程的信息进行整合并写入区块链，实现精细到一物一码的全流程正品追溯。每一条信息都拥有自己特有的区块链ID"身份证"，且每条信息都附有各主体的数字签名和时间戳，供消费者查询和校验。区块链的数据签名和加密技术让全链路信息实现了防篡改、标准统一和高效率交换。

当然，商品溯源的工作非一朝一夕能够轻易做好，只有整合联合行业力量和优势资源才能事半功倍。一方面，京东全球购联手国家质检总局打造商品溯源系统，凡是进入宁波、天津以及广州的京东保税仓的商品，均需经过严格检验并粘贴国家市场监督管理总局管理印制的溯源码。商品送达后，用户只需手机扫描一下溯源码，就可以知晓商品的所有信息。

五、京东数字科技

（一）京东金融

2018年11月20日，JDD——2018京东数字科技全球探索者大会在北京召开，"京东金融"品牌正式升级为"京东数字科技"（JD Digits）。品牌升级之后，京东数字科技旗下将包括京东金融、京东城市、京东农牧、京东少东家、京东钼媒（前身是山东济南的快发云）等多个独立子品牌。京东钼媒致力于为户外媒体公司、广告代理公司及广告主提供线下广告SSP服务、线上线下广告DSP服务，广告软硬件解决方案、大数据解决方案。而京东金融子品牌仍是最为核心的版块之一，下辖个人金融、企业金融、金融科技等数字金融相关业务。

JDD大会上，京东数字科技的风控黑科技产品——"风控超脑"给与会嘉宾留下了深刻印象。据了解，"风控超脑"包含天启——风险运营监测、天盾——安全与反欺诈、天策——信用决策、云处——资产处置、银河——数据仓库、模盒——自动建模等六大模块，组成了覆盖数据、模型、策略、系统等全方位风控体系。

在"风控超脑"的六大模块背后，是京东数字科技核心技术的应用落地。例如在天盾——安全与反欺诈模块中，就包含了一系列基于数据技术及 AI 能力的技术方案，可以支持账户全流程的反欺诈监测与处置需求。例如在用户注册的环节，关系网络、知识图谱、神经网络等的欺诈算法的应用，可以有效识别"羊毛党"（"羊毛党"是指专门选择互联网公司的营销活动，以低成本甚至零成本换取高额奖励的人）等营销欺诈；在账户登录环节，生物探针、行为序列、人脸识别等人机识别技术，可以实现对用户身份的识别和确认，让欺诈寸步难行，让好用户体验更好。此外，申请环节的信息核验、交易环节的异常检测等，对账户伪冒开立、盗刷等申请和交易欺诈行为的全方位覆盖，为用户的账户安全提供了层层保障。在"风控超脑"的支持下，京东数字科技实现了对 5 亿用户的信用风险评估，有效助力旗下消费金融业务的资产不良率处于行业较低水平。

早在 2014 年，京东数字科技就率先将机器学习和人工智能算法模型创新应用在白条风险评估领域，成为国内最早将 AI 技术大规模落地应用于金融风控业务的企业之一。

京东金融用两年时间搭建了一整套服务于零售产业链的、以风险定价为核心基础的数字金融服务体系，在提升金融服务效率的同时，降低了金融服务的成本，提升了客户体验。正因为有了这样一个数字金融服务体系，京东数字科技验证了基于数据的风险定价的模式，并且通过金融服务串联起零售产业上下游，向外部服务场景进行了延伸，具备了向金融机构提供服务的基础。

2015 年，京东金融提出金融科技的定位，为金融机构提供数字化服务。在这个过程中，京东金融创造了 B2B2C 的服务模式，不仅积累了大量的 to B 服务经验，加强了连接产业的能力，自身的科技实力也得到了进一步提升。尤其在基础技术领域，深度学习、计算机视觉、语音声学、语义解析、生物探针、图计算等技术已经达到行业领先水平，并进入产业级应用阶段。京东金融之所以能实现这样的突破，正是因为这些基础技术在海量、多维、全类型的数据环境中进行锤炼，并在最严苛的金融实战应用环境中进行验证与迭代。

随着此次品牌升级，京东数字科技正在将过去服务金融行业所积累的能力，向更多的行业延展。未来，京东数字科技以技术助力实体产业的互联网化、数字化、智能化就成为自然进阶的过程。

（二）京东城市

京东城市将以数字科技助力精准扶贫，促进地方产业生态发展。2019 年 1 月 25 日，冬季好食补·青城好选择——呼和浩特市精准扶贫项目特卖嘉年华活动在京东集团总部举行。"呼和浩特农土特产品内购年货节"活动也在当天启动，并将在春节后将当地农土特产品陆续推广至京东众筹平台。京东数字科技未来将持续通过京东城市的技术实力赋能地方产业发展和城市建设，把数字科技助力精准扶贫的战略落到实处。

呼和浩特市充分发挥在地理、交通、市场、人才、政策、环境等方面的优势，结合京东数字科技在大数据、人工智能等核心技术能力，利用"线上＋线下"相互协同的运营模式，希望建立一套成熟的精准扶贫体系，帮助当地贫困地区颇具特色的农副产品提升销量、扩大市场影响力，为带领贫困农民共同致富的中小企业打造品牌知名度，最终实现企业的可持续性发展。

此次呼和浩特市政府、企业与京东城市共同举办的精准扶贫项目特卖嘉年华活动，成为呼和浩特市与京东集团、京东数字科技合作进行精准扶贫工作的良好开端。京东城市借助京东集团强大的数据基础和品牌优势，能够整合电商、金融、物流三大体系，以及大数据、人工智能和区块链等领域的技术优势和能力，破解贫困地区的"资源限制"，有效地把社会资源的供给和需求衔接起来，帮助贫困地区的农户与企业打通市场销路，实现产品和品牌的可持续发展。

目前，京东城市已经为北京、上海、天津、广州、南京、成都等数十座城市提供技术服务，为提高城市运转效率和人民生活水平，确保城市生态的可持续发展做出了巨大的贡献。作为京东数字科技的重要子品牌之一，京东城市也在积极践行企业社会责任，以数字科技为手段，推行数字普惠金融、践行精准扶贫、防控金融风险、倡导创新驱动、建设智能城市，致力于为全社会提高效率、降低成本，将"创造长期价值、构建核心能力、坚持互惠共生"的企业价值观付诸实践。

启发性思考题 《《

1. 京东全球购改名为海囤全球的意义是什么？

2. 海囤全球的两大法宝为企业带来了哪些效益？

3. 有人说京东数字科技战略路径"舒适得了猪圈，智慧得了城市"，你怎样理解这句话？

4. 登录并注册海囤全球网站，熟悉网站操作流程和平台规则。

5. 京东物流的模式是什么？

案例五

全球速卖通

一、全球速卖通简介

（一）全球速卖通介绍

全球速卖通（英文名：AliExpress）于 2010 年 4 月正式上线，是阿里巴巴旗下唯一面向全球市场打造的跨境电商综合平台，被广大卖家称为"国际版淘宝"。全球速卖通面向海外买家，通过支付宝国际账户进行担保交易，并使用国际快递发货，是全球第三大英文在线购物网站。同时，全球速卖通是阿里巴巴帮助中小企业接触终端批发零售商，小批量多批次快速销售，拓展利润空间而全力打造的融合订单、支付、物流于一体的外贸在线交易平台。2018 年 3 月 30 日，阿里宣布，阿里巴巴集团合伙人、B2B 事业群总裁戴珊（花名：苏荃，阿里十八罗汉之一）将直接负责全球速卖通业务。全球速卖通标志见图 5-1。

AliExpress 全球速卖通

图 5-1　全球速卖通标志

（二）全球速卖通发展重大事件

2009 年，全球速卖通创建。

2010 年 4 月，全球速卖通对外开放注册。

2016 年全球速卖通 B2C 时代正式来临：向 2000 家天猫商家发出入驻邀约；全球速卖通入驻门槛升级，除企业身份外有品牌才能入驻；8 月 15 日全球速卖通清退个人卖家，实现全面商标化；AliExpress App 获得 Google Play 全球编辑精选。

2017 年 9 月 6 日，在 PayPal 举行的 2017 中国跨境电商大会上，全球速卖通宣布与 PayPal 达成战略合作，向全球卖家进行推广。

2018 年 9 月 11 日，阿里巴巴集团和俄罗斯的 Megan 公司、Mail.Ru 公司以及俄罗斯直接投资基金三个主要合作方签订了合作协议，将组建一个合资公司，其中全球速卖通在俄罗斯的业务将成为该合资公司的一部分。Mail.Ru 的母公司相当于国内的腾讯，该集团不仅包含 VK、OK 等俄罗斯最主流的社交网站，还有大量的游戏、外卖等资源，拥有超过 1 亿的用户。全球速卖通很看重 Mail.Ru 的社交资源，全球速卖通与社交直接融合，将会给全球速卖通上的各层级卖家带来很大的机会。

2018 年，阿里全球速卖通通过了五大战略（国家化战略、用户战略、营销战略、营商环境和基础服务）和四大升级（新市场、新用户、更智能和更简单）。其中，国家化战略是指通过区域化辐射、个性化运营、整合阿里生态产品来提供技术、物流、金融等服务；用户战略即丰富用户渠道矩阵、提升产品技术、进行社交化营销；营销战略则包括三部分，即品牌国际化营销、效果营销、全年大促；营商环境是指平台经营规则，通过简化申请流程、优化操作方式等降低卖家入驻门槛来扩大商家数量；基础服务即全球速卖通提供的平台服务能力。除此之外，全球速卖通联合菜鸟设立海外仓，将货品前置到消费者家门口。从海外仓出发，欧洲一半市场可以实现包裹 72 小时送达。

（三）全球速卖通平台特点

全球速卖通平台及其业务具有以下特点：

第一，进入门槛低，能满足众多小企业做出口业务的愿望。阿里巴巴的全球速卖通平台对卖家没有企业组织形式与资金的限制，方便小企业进入。

第二，交易流程简单。买卖双方的订单生成、发货、收货、支付等，全部在线完成。

第三，双方的操作模式如同国内的淘宝平台操作，非常简便。商品选择品种多，价格低廉。

第四，全球速卖通平台上的商品具有较强的价格竞争优势，跟传统国际贸易业务相比，具有较强的市场竞争优势。

二、全球速卖通平台模式

阿里巴巴旗下的全球速卖通运营有 B2B 模式和 B2C 模式，但主要是 B2C 模式，是中国供货商面向国外消费者交易的一种小额跨境电子商务。

跨境 B2C 电子商务零售模式，从制造商（代理商）直接到国外消费者，省掉了中间所有环节，国外消费者直接面对中国供货商。因此，商品的价格低，消费者选择机会多，再加上买卖程序简便等，使得全球速卖通业务具有传统国际贸易模式所不具备的众多优势，在当前电子商务发展的大浪潮中，具有很强的生命力。

简单来说，全球速卖通的运营模式就是国际版的淘宝，即模式为淘宝的运营模式，但面对的客户是全球 220 多个国家和地区的买家。

还有一种 BBC 的运营模式：BBC，意思是先出口（B2B）再售卖（B2C）（见图 5-2）。

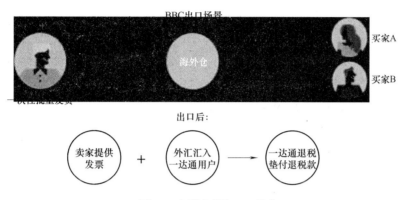

图 5-2　全球速卖通 BBC 模式

BBC 模式，实质就是"B2B+B2C"。这种模式是一种电子商务类型的网络购物商业模式，具有更加综合化的特点，可以为消费者提供更加优质的服务。具体来说，"B2B+B2C"就是把"供应商→生产商→经销商→消费者"各个产业链紧密地连接在一起，将从生产、分销，到终端零售的资源进行全面整合。

这样的整合模式，颠覆了传统的电子商务模式，将企业与客户的不同需求完全整合在一个平台上。这样一来，极大地缩短了供应链条，从而降低物流成本和运营风险，增强企业的服务能力和竞争能力。

同时，该模式还可以把企业直接推到与消费者面对面的前台上，让生产商获得更多的利润，使更多的资金投入到技术和产品创新上，最终让广大消费者获益，有利于客户获得增加价值的机会。

三、全球速卖通运营模式

（一）信息流运作模式

一个市场能否正常和有效地运作，首先取决于交易双方能够获取的信息量和信息的可靠程度，掌握大量真实可靠的信息是任何交易进行的第一步。全球速卖通为交易提供了便捷的交流工具，开发了 Trade Message 软件，可以确保买卖双方信息的高效传递。

（二）物流运作模式

全球速卖通支持四大商业快递、全球速卖通合作物流以及中国邮政大小包等多种国际快递方式。小卖家作为独立的经营主体，可以自行联系物流并进行发货。除了个体单独发货之外，卖家还可以借助全球速卖通的平台在线发货。全球速卖通正式开启了美国、英国、德国、西班牙、法国、意大利、俄罗斯、澳大利亚、印度尼西亚9个国家的海外仓服务。

（三）资金流运作模式

全球速卖通的资金流动方式与淘宝相似，全球速卖通只充当中介的作用。类似于淘宝的支付宝，全球速卖通开发了阿里巴巴国际支付宝 Escrow。目前，国际支付宝 Escrow 支持多种支付方式，包括信用卡、T/T 银行汇款、Moneybookers 和借记卡等，并在继续开拓更多的支付方式。同时，全球速卖通也支持电汇和其他跨国在线支付方式。

（四）盈利模式

全球速卖通平台的收入来源主要包括技术服务费年费和交易付费两种，此外，全球速卖通也会对卖家使用的广告营销服务收取服务费。

技术服务费年费：全球速卖通平台将各行业划分为八大经营范围，每个经营范围分设不同的经营大类，每个全球速卖通账号只允许选取一个经营范围，并可在该经营范围下跨经营大类经营，2018 年，不同经营大类的技术服务年费在 1 万 ~ 3 万元人民币不等（共享类无技术服务费年费）。

交易服务费（交易佣金）：全球速卖通就提供的交易服务收取服务费，服务费只在交易完成后才对卖家收取，卖家不需支付任何费用。

（五）人才培养

阿里巴巴一直有非常好的社区和客户培训体系，可以快速入门。

1. 阿里巴巴在教育领域的布局

（1）阿里云大学。阿里云官方创新人才培养平台，致力于打造从 IT 时代向 DT 时代转型过程中在云计算、大数据、人工智能、云安全等领域的一所创新人才工场，打造从学、到练、到赛、到考、到就业与创业的创新型人才培养的全方位闭环生态链。

（2）1688 商学院。1688 商学院是阿里巴巴旗下的电商培训机构，专注提升中小企业的电子商务意识、网络营销技巧、在线交易能力。

（3）阿里巴巴外贸学院。阿里巴巴外贸学院是国内专业的外贸电商学习平台，线上提供点播、直播课程，线下有专业的团队打造品牌培训，包括阿里启程、橙功营、阿里寻梦、百团。

阿里巴巴外贸学院也是国内专业的跨境电商学习平台，拥有卖家讲师团队，覆盖全国的培训机构，线上提供点播、直播课程，线下有专业的实操培训。

（4）淘宝大学。淘宝大学是阿里巴巴集团旗下核心教育培训部门。淘宝大学以帮助网商成长为己任，历经 7 年的积累和沉淀，通过分析电商行业脉动，立足网商成长所需，整合阿里集团内外及行业内优势资源，2014 年淘宝大学已成为一个线上线下多元化、全方位的电商学习平台。2018 年 3 月 8 日，淘宝大学正式成立魔豆妈妈电商学院，通过特色课程、专属师资建设、线上学习系统，对学员进行体系化帮扶，定制逆境女性的专属学习方案。

（5）淘宝教育。原"淘宝同学"于 2015 年 5 月更名为"淘宝教育"，定位是"2B+2C"的混合型平台模式，聚合大量优质教育机构和名师，淘宝教育的主要工作是做好在线教育的产品与客户的链接，帮助线下机构转型。

（6）全球速卖通大学。国内专业的跨境电商学习平台，拥有卖家讲师团队，覆盖全国的培训机构，线上提供点播、直播课程，线下有专业的实操培训。

（7）湖畔大学。由柳传志、马云、冯仑、郭广昌、史玉柱、沈国军、钱颖一、蔡洪滨、邵晓锋 9 名企业家和著名学者等共同发起创办，位于杭州西湖鹄鹃湾附近。湖畔大学坚持公益性和非营利性，旨在培养拥有新商业文明时代企业家精神的新一代企业家，目标学员主要为创业 3 年以上的创业者。2015 年 3 月 27 日，第一届学生入学，马云出任首任校长，曾鸣教授任教务长。2017 年 4 月 19 日，曾鸣教授出任教育长。

（8）云谷学校。由阿里巴巴合伙人出资创建，为 15 年制"非营利性"国际化学校，其使命是致力于让每一位孩子成为最好的自己。云谷学校位于杭州市苏嘉路以南、荆长路以西、规划良祥路以东，计划总投资 10 亿元以上，建设用地面积 220 亩。

2017 年，"云谷学校"启动的招生计划是 3 个一年级班和 2 个七年级班，班额分别为 20 人和 24 人。小学部招生"户口学区不限"，中学部则要求是"应届优秀小学毕业生"。

（9）阿里巴巴达摩院。阿里巴巴达摩院是一家致力于探索科技未知，以人类愿景为驱动力的研究院，是阿里在全球多点设立的科研机构，立足基础科学、颠覆性技术和应用技术的研究。阿里巴巴达摩院由三大主体组成，一是在全球建设的自主研究中心；二是与高校和研究机构建立的联合实验室；三是全球开放研究项目——阿里巴巴创新研究计划（AIR 计划）。

（10）蚂蚁金服技术大学。蚂蚁金融服务集团（简称蚂蚁金服）起步于 2004 年成立的支付宝。2013 年 3 月，支付宝的母公司宣布将以其为主体筹建小微金融服务集团，小微金融（筹）成为蚂蚁金服的前身。2014 年 10 月，蚂蚁金服正式成立。蚂蚁金服以"让信用等于财富"为愿景，致力于打造开放的生态系统，通过"互联网推进器计划"助力金融机构和合作伙伴加速迈向"互联网 +"，为小微企业和个人消费者提供普惠金融服务。以移动互联、大数据、云计算为基础，为中国践行普惠金融提供重要实践。蚂蚁金服旗下有支付宝、余额宝、招财宝、蚂蚁聚宝、网商银行、蚂蚁花呗、芝麻信用等子业务板块。

蚂蚁金服技术大学所属业务线是：平台数据技术事业群——技术合作与发展部。

目前，阿里巴巴战略投资部及旗下基金在教育领域已经投资了 10 个项目，包括 VIPKID、宝宝树、TutorABC、作业盒子、兰迪少儿英语、CC 英语等。

阿里内部涉足教育领域的业务，更多还是集中于电商领域，不同业务部门实际上几乎没有协同的机会。除了和电商相关的教育业务以外，其他业务例如阿里云、蚂蚁金服等在教育领域的延展性似乎更有看头。

2. 校企合作，产教融合

阿里巴巴联合政府、高校、企业、培训机构等社会各界，于 2015 年 6 月 1 日正式全面启动"百城千校—百万英才"项目，构建与行业、企业岗位对接的课程体系，提供实战训练平台提高学生实践能力，并为学生进行电商人才认证，通过在线考试平台检验知识掌握情况。

2016 年"百城千校—百万英才"项目升级，百万英才开放到全部电商领域，而且，为应对快速变化的电商平台，阿里巴巴推动在各学校为大学生搭建一个有实训、实习及创业孵化的人才培育基地，帮助学生融入真实社会的真实电商平台运营中，提升学生综合实践能力。

四、2019 年全球速卖通 328 大促营销

（一）活动内容

"感恩、促活、商家"将是 2019 年 328 周年庆的重要组成部分。

首先是感恩，不仅仅是参与 328 活动的卖家，所有购买过商品的消费者都是本次活动的感恩对象，更被视为宝贵财富，因此此次的周年庆在感恩会员这一块将有特别的准备。

例如，无论是买家还是卖家，当你点开 AliExpress 的时候首先会看到一段温暖小视频，视频将会展示你在 AliExpress 的点点滴滴，让你感受到整个 AliExpress 的成长。同时在整个活动中，会员体系是极其重要的部分，要让每个会员都有自身认定的体感。

其次是促活。328 大促一直都是跟 GMV 离不开的，这也是卖家愿意参与到 328 大促的重要原因。全球速卖通也希望在精心准备的购物盛宴的同时，让买家端与卖家端的连接更为紧密。

第一，流量。用什么样的方式拉动新顾客，及让老顾客重复购买自己的商品，是商家需要思考的。再来是社交，这是 328 大促非常重要的一个环节，让消费者了解商品和品牌。

第二，转化率。优质的商品、特惠的折扣以及丰富度高的商品种类都是消费者喜爱的。因此在大促当中，需要用最好的素材制作最精良的菜肴。所有参与到328大促活动中的商品，都会给予打标，消费者进入活动，就会感到浓浓的 AliExpress 周年庆氛围。

第三，客单价。当卖家商品已经足够丰富，价格也非常优惠之后，如何让消费者购买两件甚至更多？卖家可以针对上述的这些词，根据自己的商品结构、品牌需求，做好拆解工作。

最后是商家。除了跨境商家外，还有更多的本地商家加入，一起发力，合力促成 AliExpress 周年庆。

（二）策略维度

1. 人群策略

（1）新用户。AliExpress 需要更多的新用户，也欢迎更多的新用户来购买体验，并准备了一个特殊的礼物——专享超值爆款。

（2）普通会员。普通会员可以享受到大促权益，在进入之后，可以看到整个 AliExpress 所有的优惠，同时还会获取一些特殊的权益，如服务售后等，这部分权益可能重点会放在提高转化率及 GMV 上。

（3）高端会员。这是 AliExpress 现有会员体系当中的一部分 Top 会员，卖家能否进入 Top 会员区块，决定了他们能否与这些会员联系更紧密，进而互动。对于高端会员，AliExpress 将会提高它的回访率和客单价。（AliExpress 现有的会员体系分为四个层级：金、银、铂、钻，为了简化商家操作成本，也简化卖家理解成本，这次 328 周年庆，全球速卖通将会员体系分为两档。）

2. 规则

（1）新用户玩法：新人专享。

过去新用户的承接有一个专区，而今年的做法有所升级，就是在预热期有一个区块，让新人快速转化。

在新人专享板块，首先有一个核心商品区，在预热期时，核心商品区的所有商品都是 0.01 美元。当新用户购买之后，会获取一个新人券，这个券需在正式期才能使用。当这些新用户购买产品时，也有一个个性化的推送策略，即经过对新人行为及老用户行为的数据拆分，实现更精准的推送。

此外，在各个国家也会给新人专区一些特殊的权益，比如俄罗斯的手机话费充值、西班牙的游戏点卡等。

（2）老会员玩法：价格、券、营销。

1）价格——大促价和折上折。大促价也就是会员价，普通会员在328期间享受大促价，这个价格比日常销售的价格要便宜一些。而高端会员除了可以享受全量商品大促价之外，还有一个特殊的专区——高端会员专区，这个专区仅向高端会员开放，普通会员不可见。而高端会员专区所承载的内容就是折上折，其价格比普通会员享受的商品价格略低。

2）券——Coupon package、两档店铺优惠券。对新会员会推送三种不同类型的券——新人券、平台券、跨店券。对老会员也同样会推送三种券——平台券、跨店券、店铺优惠券。

店铺优惠券是完全根据老会员的日常行为、整个浏览转化的数据行为区做一个个性化的算法去推荐的。这里的个性化是基于消费者是否有购买及其他的浏览情况。

不同于往年四档分类，此次活动店铺优惠券分为两档，即普通会员及高端会员两档。

3）营销——满件折、拼团。营销板块有两个关键的工具：满件折、拼团。

满件折已经有商家在尝试运作，而在328时，全球速卖通会将整个链路优化好，希望商家成本更低，效率发挥更大。

拼团。会场将有一个拼团的区块，也是按照不同的层级进行区分，如10美元团、20美元团。

（三）促销流程

第一，造势（7天）：2019年3月14日—2019年3月20日。

主活动页面不上线，主阵地在社交板块。主要将整个328的主题信息，包括互动核心信息、病毒话题、参与大促的核心产品和品牌等全面铺开。

第二，预热（7天）：2019年3月21日—2019年3月27日。

首先，主会场页面全面上线，包括高端会员会场、拼团会场、满件折会场等均将全面上线。

其次，温暖小视频上线。

最后，搜索弹券，当搜索一个品牌，或是一个核心单品词时，那么可能这个品牌或是单品相关的一些券会弹出来，用户可以进行领取。

整个预热期，社交板块也将发挥作用，将大促整体氛围从内到外推向高潮。

第三，开售（4天）：3月28日—2019年3月31日。

往年全球速卖通328可能做10种语言，而2019年则是18种语言。

五、全球速卖通平台规则

（一）注册规则

1. 主体要求

全球速卖通注册主体为企业和个体工商户，注册主体为个体工商户的卖家店铺，仅可申请"基础销售计划"，当"基础销售计划"不能满足其经营需求时，满足一定条件可申请并转换为"标准销售计划"；不管个体工商户或企业主体，同一注册主体下最多可开 6 家店铺，每个店铺仅可选择一种销售计划。

2. 邮箱账号要求

（1）卖家在全球速卖通所使用的邮箱不得包含违反国家法律法规、涉嫌侵犯他人权利或干扰全球速卖通运营秩序的相关信息，否则全球速卖通有权要求卖家更换相关信息。

（2）卖家在全球速卖通注册使用的邮箱、联系信息等必须属于卖家授权代表本人，全球速卖通有权对该邮箱进行验证，否则全球速卖通有权拒绝提供服务。

（3）卖家有义务妥善保管账号的访问权限，账号下（包括但不限于卖家在账号下开设的子账号内的）所有的操作及经营活动均视为卖家的行为。

（4）全球速卖通有权终止、收回未通过身份认证或连续一年 180 天未登录全球速卖通或 TradeManager 的账户。

（5）用户在全球速卖通的账户因严重违规被关闭，不得再重新注册账户，如被发现重新注册了账号，全球速卖通有权立即停止服务、关闭卖家账户。

（6）全球速卖通的会员 ID 在账号注册后由系统自动分配，不可修改。

（二）发布规则

1. 禁售、限售规则

平台禁止发布任何含有或指向性描述禁限售信息。用户不得通过任何方式规避本规定、平台发布的其他禁售商品管理规定及公告规定的内容，否则可能将被加重处罚。

禁售产品：是指因涉嫌违法、违背社会道德或违背平台发展原则等原因，而禁止发布和交易的产品。

限售产品：是指信息发布前需要取得商品销售的前置审批、凭证或经授权经营许可证明，否则不允许发布的产品。

平台有权根据发布信息本身的违规情况及会员行为做加重处罚或减轻处罚的处理。

对于恶意违规行为将视情节的严重性加重处罚处置，如一般违规处罚翻倍，如达到严重违规程度将关闭账号。恶意行为包括但不限于采用对商品信息隐藏、遮挡、模糊处理等隐匿的手段，采用暗示性描述或故意通过模糊描述、错放类目等方式规避监控规则，同时发布大量违禁商品，重复上传违规信息，恶意测试规则等行为。

平台将违规行为根据违规性质归类分为知识产权禁限售违规、交易违规及其他、商品信息质量违规、知识产权严重违规四套积分制。四套积分分别扣分、分别累计、分别处罚执行。四套积分的每个违规行为的分数按行为年累计计算，行为年是指每项扣分都会被记365天，比如2013年2月1日12点被扣了6分，这个6分要到2014年2月1日12点才被清零。

2. 知识产权规则

全球速卖通平台严禁用户未经授权发布、销售涉嫌侵犯第三方知识产权的商品。发布、销售涉嫌侵犯第三方知识产权的商品，则有可能被知识产权所有人或者买家投诉，平台也会随机对商品（包含下架商品）信息、产品组名进行抽查，若涉嫌侵权，则信息会被退回或删除，且平台将根据侵权类型执行处罚。

作为卖家，首先要尊重知识产权。严格排查自己的在线及下架商品，若存在侵权行为，应立即将侵权商品删除。同时，严格把控进货来源，杜绝来源不明的产品，实拍图片，提高图片质量，让买家更直观地了解商品，获得更多订单。

其次，卖家应当发展有品质的自营品牌。如果产品有品质，那么就注册自有品牌，借助平台优势，扩大自营品牌影响力，让自己的品牌商品"出海"，不断增加附加值。

最后，卖家要完成品牌准入流程。完成品牌准入再发布品牌商品，不要发布未获得发布权限的品牌商品。

3. 搜索排序规则

全球速卖通搜索的整体目标，是帮助买家快速找到想要的商品，并且能够有比较好的采购交易体验。搜索排名的目标就是要将最好的商品、服务能力最好的卖家优先推荐给买家。谁能带给买家最好的采购体验，谁的商品就会排序靠前。

全球速卖通的搜索排序是以帮助买家找到最符合其需求的产品为目标的。在排序过程中，要秉持公平原则。对于所有的卖家采取相同的标准，给予表现好的卖家更多的曝光机会，降低表现差的卖家的曝光机会，甚至没有曝光机会。提倡卖家间公平竞争，优胜劣汰，提供最好的采购体验给买家，让更多的买家愿意在全球速卖通平台采购，最终促进市场的良性发展。

排序是对商品信息质量、商品相关性、商品交易转化能力、卖家服务能力、搜索作弊情况等因素的综合考量。

（三）交易规则

1. 成交不卖与虚假发货

（1）成交不卖。成交不卖是指买家付款后，卖家逾期未按订单发货，或因卖家的原因导致取消订单的行为。成交不卖包括如下两种类型：买家付款后，卖家延误发货导致订单关闭；买家在发货前申请取消订单，同时选择是卖家原因造成的。成交不卖后产品会被下架，在一定时间内店铺成交不卖的次数和比例累计达到一定数量后，将给予整个店铺不同城的搜索排名靠后处理，情节严重的将对店铺进行屏蔽；情节特别严重的，将冻结账户或直接关闭账户。

（2）虚假发货。有些卖家想避开成交不卖的规则，填写无效的运单号，或者虽然运单号有效但与订单交易明显无关，这就构成了虚假发货。如果遇到转单号货运单号填写错误，则应在运单号修改时间范围内及时更新，低价值货物无法单个发货，建议设置成打包销售。一般虚假发货的处罚是冻结账户7天；若店铺虚假发货订单累计达到3笔，就属于严重违规，予以冻结账户30天的处罚；笔数较多或具有其他严重情节的，直接关闭账户。

2. 货不对版与违背承诺

货不对版是指买家收到的商品与达成交易时卖家对商品的描述或承诺在类别、参数、材质规格等方面不相符。严重"货不对版"行为包括但不限于以下情况：

（1）寄送空包裹给买家。

（2）订单产品为电子储存类设备，产品容量与产品描述或承诺严重不符。

（3）订单产品为计算机类产品硬件，产品配置与产品描述或承诺严重不符。

（4）订单产品和寄送产品非同类商品并且价值相差巨大。

违背承诺是指卖家未按照承诺向买家提供服务，损害买家正当权益的行为，包括交易及售后服务承诺、物流相关承诺、违背平台既定规则或要求，以及卖家违背其自行做出的其他承诺等，对买家购物体验造成严重影响；一旦买家提起此类投诉，则根据情节轻重卖家会被给予警告、7天冻结账户及永久关店的处罚。

3. 不正当竞争与不法获利

（1）不正当竞争。不正当竞争是指用户发生以下几种行为：

1）不当使用他人权利的行为。卖家在所发布的商品信息或所使用的店铺名、域名等当中不当使用他人的商标权、著作权等权利；卖家所发布的商品信息或所使用的其他信息造成消费者误认、混淆。

2）卖家利用海外会员账户对其他卖家进行恶意下单、恶意评价、恶意投诉，从而影响其他卖家声誉与正常经营的行为。

（2）不法获利。不法获利是指卖家违反速卖通规则，涉嫌侵犯他人财产权或其他合法权益的行为，包括但不限于以下情形：

1）卖家在交易中诱导买家违背全球速卖通正常交易流程操作获得不正当利益。

2）卖家通过发布或提供虚假的或与承诺严重不符的商品、服务货物流信息骗取交易款项。

3）卖家违反全球速卖通规则被关闭账户后仍注册，或直接、间接控制或使用其他账户。

4）卖家违反全球速卖通规则，通过其他方式非法获利。

一旦店铺被发现存在不法获利行为，则平台一律给予关店的严重处罚。

4. 严重扰乱平台秩序

严重扰乱平台秩序，是指干扰平台管理，严重扰乱平台秩序，损害其他用户或平台的合法权益的行为。包括但不限于以下情形：

1）恶意规避平台规则或监管措施的行为。

2）通过恶意违规等方式干扰其他用户正常交易的行为。

3）对买家购物过程带来了严重的不良体验，对全球速卖通平台的商业环境造成了恶劣影响的行为。

4）其他严重扰乱平台秩序的行为。

对于严重扰乱平台秩序的行为，平台根据情节严重程度给予处罚：一般，2分/次；严重，12分/次；特别严重，48分/次或直接关闭账号。

（四）放款规则

众所周知，全球速卖通的放款政策对于卖家的资金流转有很大的影响，对买家的交易安全也至关重要。全球速卖通以卖家的综合经营情况评估订单放款时间，不再以订单完成物流妥投作为放款条件。只要卖家的综合经营情况符合条件，订单就会在发货后进行放款。

放款时间根据账号状态一共分为三种情况："发货3个自然日后""买家保护期结束后"以及"发货后180天"（见表5-1）。

表 5-1 放款规则

账号状态	放款规则		
	放款时间	放款比例	备注
账号正常	发货 3 个自然日后（一般是 3 ~ 5 天）	70% ~ 97%	保证金释放时间详见表 5-2
	买家保护期结束后	100%	买家保护期结束：买家确认收货 / 买家确认收货超过 15 天
账号关闭	发货后 180 天	100%	无

资料来源：根据全球速卖通网站相关资料整理得到，HTTP://seller.expressible.com/。

平台会冻结一定比例的保证金，用于放款订单后期可能产生的退款或赔偿其他可能对买家、全球速卖通或第三方产生的损失（见表 5-2）。

表 5-2 保证金释放时间

类型	条件		保证金释放时间
按照订单比例冻结的保证金	商业快递 + 系统核实物流妥投	无	交易结束当天
	1. 商业快递 + 系统未核实到妥投	交易完成时间 - 发货时间 ≤ 30 天	发货后第 30 天
		交易完成时间 - 发货时间在 30 ~ 60 天	交易结束当天
	2. 非商业快递	交易完成时间 - 发货时间 ≥ 60 天	发货第 60 天
固定保证金	账号被关闭	无	提前放款的订单全部结束（交易完成 +15 天）后，全额释放
	退出提前放款		
	提前放款不准入		

资料来源：根据全球速卖通网站相关资料整理得到，HTTP://seller.expressible.com/。

除此之外，全球速卖通表示，平台将合理地判断卖家或订单存在的其他风险，并有权延长放款周期。因此，建议卖家结合新放款规则，使用高效的物流方式，优化商品以及完善客户服务体验度，进一步提高店铺综合经营水平，获取更短的放款时间。

（五）评价规则

平台的评价分为信用评价及店铺评分。其中，"信用评价"包括"好评率"和"评论内容"，"评论内容"包括"文字评论"和"图片评论"。"店铺评分"是指买家在订单交易结束后以匿名的方式对卖家在交易中提供的商品描述的准确性、沟通质量及回应速度、物品运送时间合理性三方面服务做出的评价，是买家对卖家的单向评分。信用评价买卖双方均可以进行互评，但卖家分项评分只能由买家对卖家做出。

2017 年 12 月 12 日，全球速卖通发布《速卖通评价规则更新公告》。全球速卖通去除"勋钻冠"和信用评价积分。去除"勋钻冠"和信用评价积分于北京时间 2017 年 12 月 18 日开始发布。商家好评率、商品分数、卖家分项评分（即 DSR）的计算新规则如下（见表 5-3）。

表 5-3　评价新规则更新

更新后规则
成交金额低于 1 美金的订单不计入好评率、商品分数
取消自然句计算逻辑，只要做出评价正常计算
买家提起为收到货纠纷且买家在纠纷上升到仲裁前未主动取消，最终产生退款，无评价入口
买家提起货不对版纠纷且退货，交易结束 30 天内买卖双方均可评价，计入好评率

资料来源：根据全球速卖通网站相关资料整理得到，HTTP://seller.expressible.com/。

（六）售后规则

全球速卖通售后规则中最重要的是限时达和商品保障服务。

1. 限时达

全球速卖通和淘宝一样，也有消费者保障计划，简称"消保"。在消保第一期期间，全球速卖通对全体卖家推出限时达（承诺运达时间）服务。

"承诺运达时间"是在全球速卖通平台原有"大小包 60 天未妥投纠纷退款规则"的基础上，将设置物流时间的功能开放给卖家，让有能力为买家提供更好的物流服务、敢于对买家承诺物流服务的卖家的优势得到凸显，增强买家购物信心，提升买家购物后保障而推出的一项消费者保障服务。

卖家根据自身货运能力填写运费模版中的"承诺运达时间"，对不同运输方式到达不同国家运达时间进行承诺保障（例如，承诺 EMS 最迟在第 27 天可到达美国）。

2. 商品保障服务

2014 年 11 月 9 日起，更新生效的全球速卖通平台升级更新了原本的《卖家"假一赔三"服务协议》，协议中要求卖家每年缴纳 3 万元的保证金，电子烟类目的卖家需要缴纳 5 万元。目前，除了电子烟和 Fine Jewelry（精品珠宝）这两个类目是强制需要执行征收保证金的之外，运动、手机、鞋、箱包和服装等行业涉及的均是申请发布受控品牌的品牌产品才需要缴纳保证金。以上情况必须是参加卖家"商品保障服务"协议之后才可以上传和销售产品的，其他卖家只要不涉及上述三项都可以照常开店和经营产品。

如果卖家签署了该升级协议，那么一旦出现售卖假货现象，将执行"假一退一"的补偿方式，即一旦出现售假买家投诉行为，卖家将把买家所付款项退回即可，不需额外赔偿。不过，这并非表明全球速卖通平台放宽了对售假行为的约束力。协议升级后，如果卖家因品牌权利人投诉而导致店铺被关，保证金将被全额没收。

此次升级协议，实际影响的是已签署《卖家"假一赔三"服务协议》的用户。同意并签署升级协议，可以帮助卖家体现自身产品的优质性。一旦加入该协议，卖家产品展示将会有"商品保障服务"的标签，这在一定程度上体现了店铺的综合实力，能够吸引更多买家的关注。

尽管升级后的《卖家"假一赔三"服务协议》一如既往并没有要求所有卖家都必须加入且缴纳相应的费用。但是，签署协议很大的意义在于，能够在进一步规范全球速卖通平台上的卖家行为，打击不法商家通过售假和恶性低价扰乱市场秩序的同时，也进一步维护正当卖家的合法利益。在一定程度上，将更多的流量引入到合法卖家的商品，提高卖家的店铺销量。同时，加入升级后的《卖家"假一赔三"服务协议》，可以更多地向买家展示自身产品的采购信息，也是一种无形的质量保障宣传。除此之外，加入升级协议后，卖家为了确保店铺能够正常运行，保证金在到期后能够如数退回，将会不断地提升店铺的服务水平以及产品质量保障。可以说，升级协议将会引导卖家向提升服务质量的方面发展。

六、全球速卖通发展新趋势

（一）五大战略方向的新升级

在"逆生长"2018亿邦未来零售大会——跨境电商年会上，阿里巴巴全球速卖通商家中台总监周海颖发表了题为《品牌国际化模式创新之道》的演讲。周海颖表示，2018年全球速卖通有五大战略方向的新升级，分别为国家化战略、用户战略、营销战略、营商环境、基础服务。

1. 国家化战略

全球速卖通在国家化战略上有一个很重要的战略，就是以点破面。全球速卖通用重点国家来做这些市场，如俄罗斯。在俄罗斯，全球速卖通已经是当地最大的电商，通过俄罗斯这个区域，就可以了解到整个俄语区国家的消费习惯，然后渗透到整个俄语区。在中东地区，集中在沙特阿拉伯、阿联酋、土耳其这几个国家，在整个中东，通过这几个国家渗透到了北非，甚至连埃及都有很多的新用户到这个平台上来。中东市场潜力巨大，将成为全球速卖通未来重点发展的市场之一。

未来全球速卖通主要在四个区域以点带面实现区域化辐射：一是以俄罗斯为核心辐射周边的俄语系国家；二是以西班牙和法国为核心，辐射到意大利、比利时以及周边国家；三是以波兰为核心的东欧国家；四是以美国和巴西为核心的美洲市场。

针对重点投入的国家，全球速卖通会加大本地化投入。首先，全球速卖通要做全用户的运营，加大对时尚、品质关注度高的用户投入；其次，要做全品类运营，主要在多元化、风格化的服饰和非标化的产品上持续发力。

国家化战略看起来很简单，但是每一个国家的消费者都有自己不同的习惯和需求，所以，在国家化战略上很多要借助于技术。未来在货品选择、算法推荐、服务体验、社交营销等各个方面，都要有非常针对国家化战略的一些技术的升级。

2. 用户战略

用户战略主要体现在三方面：第一，丰富用户渠道矩阵，比如谷歌、Facebook、VK 等大型渠道，手机厂商、运营商、重要媒体等中型渠道以及 Network、导购站、比价站、返利站等长尾渠道；第二，通过产品和技术驱动提升转化率，实现个性化、国家化以及场景化；第三，社会化赋能。

从现阶段看，全球速卖通在社交媒体上的合作，获取用户的潜力非常大，增长也非常快。社交这一领域有"四两拨千斤"的态势。无论是商家还是平台，并不需要投入太多费用，就可以获得更多的优质用户和粉丝。

值得注意的是，虽然全球速卖通将升级用户战略，但是并没有因为用户的扩充对商家做分级。对全球速卖通而言，只有商家给平台提供的价值大小之分，而不会有大小商家之分。即使是一个小商家或者是一个中小商家，只要能提供差异化产品或者产品在某个国家和区域非常有市场，平台就会大力支持。事实上，针对不同的商家，全球速卖通会有不同类型的扶持以及赋能方法。比如，有的商家产品很好，又有竞争力，但是不太懂怎么做社交运营。针对这部分商家，全球速卖通会有专门的 TP（Taobao Partners，淘宝合作者），帮助商家补齐短板。另外，有的商家可能对用户以及海外市场很了解，或者本身就有一定的设计能力，那么，全球速卖通会针对平台运营、图片拍摄、搜索优化、翻译等方面对其进行指导。

3. 营销战略

不同于中国广大用户喜欢浏览淘宝，大多数海外用户更偏好搜索这一方式，营销导购是未来非常重要的一个发展趋势，因为通过营销导购，可以给品牌在前台设置一个展示的区域、一个运营的阵地。全球速卖通根据不同的消费者的需求，有不同的运营频道。另外，阿里巴巴已经把"双 11"带向了非常多的国家，很多全球速卖通的大卖家都知道，"双 11"已经不仅仅是一个中国的购物日，在全世界各个国家的消费者现在基本上都了解"双 11"这个非常盛大的购物庆典。

4. 营商环境

营商环境对卖家来说非常重要，现在的营商环境有很多挑战，包括物流的政策、税收的政策等，作为全球速卖通，要在政策上给予商家非常稳定的环境。另外，借助阿里巴巴整个集团的力量，给卖家一个赋能的体系的升级，尤其包括商家后台的一些工具。帮助商家沉淀非常多的销售数据，通过这些销售数据来定位它们的产品。未来供应链不再是简单的供应链，而是柔性的供应链，通过电商的平台，让卖家触达 C 端的消费者，又能把 C 端消费者的需求直接反映给卖家。所以全球速卖通未来在商家工作台上，会给商家一个很大程度的技术升级，提供非常多的数据，同时升级生态服务。

5. 基础服务

基础服务是阿里巴巴非常强大的地方，因为阿里巴巴有两个非常强大的伙伴，一个是菜鸟，另一个是蚂蚁金服。目前，全球速卖通与菜鸟达成了非常长远的目标。一方面直发专线，适用于跨境电商平台。另一方面，建立海外的物流网络，所以海外仓未来也会是全球速卖通的一个重点。在支付方面，希望支付宝能够跟着全球速卖通一起出海，帮助中国商家更容易地在全球实现支付。另外，在不同的区域有不同的发展政策，比如在中东和印度，其实当地人们的支付方式并不是非常发达，很多人要求货到付款。全球速卖通将会与蚂蚁金服一起做一些适合当地的支付，比如说 COD 这样的方式；在发达国家，消费者比较喜欢用贷款、分期付款这样的方式，未来也会开发越来越多的产品。

全球速卖通不仅仅卖货，更希望能够借助阿里整个生态的力量，借助中国跨境电商生态伙伴的力量，帮助中国制造、中国品牌扩展到全球的市场，希望能够塑造长期的品牌力，希望通过这个平台帮助他们获取用户、消费者的信息以及长期的沉淀。

（二）营销新趋势

作为全球速卖通卖家，要想做好全球速卖通平台，需要全面了解全球速卖通 2019 年的走向。

第一，组织架构升级。以前全球速卖通就有一个卖家运营团队，如今全球速卖通已经调整为后台技术、中台、前台三大板块，中台主要负责商家运营，前台主要负责后期商家招募。

所谓的"前台—中台—后台"的概念，其实在金融、制造、零售等领域已经实行了多年，越是大型的组织越是依赖这种三层架构。其中，"前台"最贴近用户服务，强调创新灵活多变；"中台"和"后台"更贴近组织管理，突出规划控制协调。

第二，分国家建立运营团队。全球速卖通 2019 年将开始分国家建立运营团队，即国家团队，比如俄罗斯、波兰、西班牙、美国这样的分区，然后根据不同市场的文化、流量的获取方式进行有针对性的活动策划运营和选品，然后推动流量和销量的上升。

第三，精细化市场区域运营。全球速卖通以往是适合俄罗斯的一盘货卖全球，而 2019 年，全球速卖通将有针对性地扶持区域市场卖家，对专注区域市场的卖家进行扶持，由通盘货策略改为精细化市场区域运营。

第四，扶持潜力卖家。全球速卖通2018年的卖家增长数量暴增，但这样的结果并没有使全球速卖通的头部单店卖家产生较明显的增量，反而使大量卖家涌入，分流了平台的流量。2019年，全球速卖通将会有政策扶持一部分具有潜力成长为头部卖家的种子选手，让全球速卖通的结构更加稳健和健康。

第五，支持卖家自建店铺品牌。全球速卖通一如既往地支持卖家自建店铺品牌，自建自己的粉丝流量池，从而可以实现长远的经营，全球速卖通2019年将会对引流比较专业的卖家进行流量相应比例支持，卖家带来的流量越多，平台给卖家的政策支持就越多。

第六，其他。其他政策，如优化直通车的一些政策；梳理收款提现的政策。总之，目的就是降低卖家的成本，提高卖家的资金周转效率。

启发性思考题 ≪

1. 全球速卖通的经营模式是怎么样的？

2. 了解我国目前和阿里巴巴的阿里学院合作的高校有哪些？它们是怎样进行产教融合、校企合作的，对你有哪些启示？

3. 登录并注册全球速卖通，了解网站操作流程和平台规则。

4. 2019年全球速卖通出现了哪些新的发展趋势？

5. 2019年2月，全球速卖通发布"2019年俄罗斯跨境新机遇"报告，熟悉报告的相关内容，谈谈未来俄罗斯电商市场的发展前景和潜力，以及全球速卖通在俄罗斯市场的资源配置和扶持政策有哪些？

案例六

小 红 书

一、小红书介绍

小红书是一个网络社区，也是一个跨境电商，还是一个共享平台，更是一个口碑库。其创始人为毛文超和瞿芳。小红书标志见图 6-1。

小红书

图 6-1　小红书标志

说到旅游，有人爱吃、有人爱看，吃喝玩乐，样样都有攻略，穷游、马蜂窝、去哪儿攻略……唯独有一样需求明明很强烈，却总是被忽视，那就是"买买买"，小红书的两位创始人在自己的旅行经历中发现了这个问题，由此萌发了将自己的海外购物经验通过产品来分享给大家的念头，于是就有了"小红书"，所以，小红书最初就是专注做购物的差异化旅游攻略。

2013 年小红书公司成立，同年 10 月，小红书推出了出境购物攻略，如"香港购物小红书""日本购物小红书"，通过类似旅游攻略的形式对没去过目的地的消费者进行"扫盲"，覆盖了 7 个热门旅行地点。这些攻略都是由小红书联络当地购物达人编写而成，是当仁不让的境外血拼宝典。这份文档问世不到 1 个月，就获得了 50 万的下载量。

2013 年年末，为顺应移动互联网发展的浪潮，小红书把文档升级为移动端的海外购物心得分享平台，让用户自发晒出购物笔记和口碑攻略，从而诞生了 UGC（User Generated Content，用户生产内容）社区的雏形，也让"种草"成为热词。随着用户分享内容从泛消费领域逐渐扩大到泛生活领域，小红书开始向生活方式平台转型，鼓励用户产出更多元的优质内容，并且引入千人千面的算法推荐机制，让每个人都能够找到自己的兴趣社群。如今，超过 2 亿"小红薯"在小红书上分享美食、健身、旅游攻略，交流学习、育儿心得。

原本，小红书可以成为一款专注社区甚至社交的产品；但用户想"买"的需求变化，使小红书随即布局了电商业务，成为"社区电商"模式的开创者。

小红书结合社区中的用户口碑笔记进行商品选品，创造出电商巨头都难以企及的销售奇迹：

在创业初期，仅有 5 人的电商团队，在 2 小时内卖光了当天上架的 90% 的商品。

通过社区笔记和商城之间的联动，小红书首次把内容和电商有机地结合在一起，实现了从"种草"、分享，到购买的体验闭环，让人和商品之间，建立了颇有人情味的联系。而当 2018 年 Instagram 上线电商和支付功能时，人们才真正意识到小红书"中国模式"的逆袭魔力。

小红书的第一次转变是从 PGC（Professional Generated Content，专家生产内容）到 UGC（User Generated Content，用户生产内容），小红书的攻略是由购物达人编写，可以算是 PGC，但是单纯攻略、指南型的产品无法应对季节打折、店铺更新等颇具时效性的问题，而且单向性的信息传输使得产品的信息量十分有限，消费者的使用也仅限于要旅行购物的时候，频率较低。与此同时，人们对境外商品的需求日益旺盛，网购的习惯也已经培养完成，"海淘"越来越成为常态，但大部分消费者还是面临着与之前一样的问题，就是不知道买什么好。

于是，小红书先试水推出了可以 UGC 分享的香港购物指南，随后进化为"小红书购物笔记"App，成了一个垂直社区，用户中不乏具有境外购物习惯的偏重度的消费者，这些消费者经验丰富，能产出高质量的内容，吸引用户。而且小红书的设计简洁、友好，不需要 BBS 式精雕细琢的复杂购物体验和攻略，只要简单地说说购买使用心得，再配上两三张照片即可，让大家觉得分享是件很简单的事情，迅速将围观者转化为产出者。随着人群的不断积聚，小红书社区的内容也越来越丰富，境外的好东西——上到高端奢侈品，下到日常实用的小物件，都能在小红书中找到，而后者往往是被其他海淘攻略忽视的一块。小红书不再面临做完旅行购物规划之后就被抛之脑后的尴尬，而成了蹲在家里也愿意去"刷""逛"和"分享"的应用，就像一个购物版"知乎"。

截至 2018 年 10 月 15 日，全球有超过 1.5 亿年轻用户在小红书 App 上分享吃、穿、玩、乐、买的生活方式。

2017 年 12 月 24 日，小红书旗下社区电商平台小红书商城被《人民日报》评为代表中国消费科技产业的"中国品牌奖"。

小红书分为小红书社区和小红书商城。

（一）小红书社区

与其他电商平台不同，小红书是从社区起家的。在小红书社区，用户通过文字、图片、视频笔记的分享，记录了这个时代年轻人的正能量和美好生活，小红书通过机器学习对海量信息和人群进行精准、高效匹配。相比于其他跨境购物的 App，小红书的独特优势在于它的社区，这里已经积累了海量数据，用户喜欢什么、在分享什么、点赞最多的内容是哪些、最真实的体验是怎样的……通过对这些信息进行分析，就能对"爆款"进行垂直"打击"。社区的人气也吸引了品牌主动与小红书进行合作。所以，小红书社区是小红书的生态系统中最重要的一环。

2016 年年初，小红书将人工运营内容改成了机器分发的形式。通过大数据和人工智能，将社区中的内容精准匹配给对它感兴趣的用户，从而提升用户体验。

（二）小红书商城

2014 年 10 月，小红书福利社上线，旨在解决海外购物的另一个难题：买不到。小红书通过已累积的境外购物数据，分析出最受欢迎的商品及全球购物趋势，并在此基础上把全世界的好东西，以最短的路径、最简洁的方式提供给用户。

2017 年，小红书推行多元内容战略，一年后迎来了明星用户的爆发性增长。但和其他平台不同的是，小红书没有和任何明星进行商业绑定。这一策略是小红书的明星团队独立探索的结果。2017 年，明星团队发现林允在小红书开设了自己的账号，非常接地气地向用户推荐自己常用的美妆产品，并有不错的带货能力。借助小红书，林允的个人形象和时尚价值都得到了提升。在发现了平台对于明星的价值后，明星团队开始与刘嘉玲、黄子韬、吴谨言、卡戴珊等明星接触沟通，鼓励他们来小红书分享生活日常。也正是因此，小红书的明星获得了井喷式的增长，实现了明星、平台、用户的三方共赢。

2018 年 3 月，小红书正式上线自有品牌有光 Candle Light，主推卧室、厨房及出行场景的相关用品，品类在 50 个左右。通过流程再造，直连工厂和消费者，同时严控品质，给消费者提供质优价廉的商品。

2019 年年初，小红书成立新的"品牌号"部门，正式打通了从社区到交易的全链条。这说明，无论是社区还是电商，都不是小红书的最终形态。小红书更愿意将自己比喻成一座城市——算法和技术为这座城市提供水电煤气，两亿居民在这里居住、分享、消费，找到自己想要的好商品和好生活。现在，这座城市里有生活，有交易，有多元、有趣的体验……接下来，或许这座城市还将建设机场、码头，而创新基因，是小红书拓展城市边际的核心竞争力。

二、小红书运营模式

（一）正品自营

小红书与澳大利亚保健品品牌 Blackmores、Swisse、日本化妆品排行榜 Cosme 美容大赏、日本药妆店集团麒麟堂、松下电器、虎牌、卡西欧等多个品牌达成了战略合作，还有越来越多的品牌商家通过第三方平台在小红书销售。小红书通过品牌授权和品牌直营模式并行，来确保用户在小红书购买到的都是正品。

小红书在 29 个国家和地区建立了专业的海外仓库，在郑州和深圳的保税仓面积超过 5 万平方米，并在仓库设立了产品检测实验室。用户如有任何疑问，小红书会直接将产品送往第三方科研机构进行光谱检测，从源头上将潜在风险降到最低。

一方面，小红书基于社区用户点赞及收藏的喜好，对商品品类进行严格的预判；另一方面，通过进行灵活的活动促销，提高商品的周转率，减小库存压力。

小红书通过聚集一批高质量的种子用户，鼓励他们自发分享高质量的海淘经验，从而吸引更多具有一定消费能力，并且追求高品质产品的消费者。从这些用户的需求点入手，一一攻破。有效地运用场景化营销，形成完美的功能闭环，从而在短时间内迅速发展为国内领先的跨境电商平台。

（二）保税仓和物流

小红书与海外品牌商或大型经销商建立直接的战略合作，采取保税自营模式，从海外直采到阳光清关，从整个供应链的把控上尽最大可能杜绝假货流入，保证用户享受到跨境电商的极致品质体验。

首先，它缩短了用户与商品之间的距离。如果通过海外直邮等模式，用户动辄要等一个月才能收到货，而在小红书，用户下单后大概两三天就能收到货物。

其次，从保税仓发货也可以打消用户对产品质量的顾虑。在保税仓，中国海关会对所有进口商品进行清点、检验、报关，在缴税后才放行。

最后，大批量同时运货也能节省跨境运费、摊薄成本，从而降低消费者为购买一件商品实际付出的价格。在除去中间价和跨境运费之后，小红书基本能做到所售商品价格与其来源地保持一致，甚至有时还会因为出口退税等原因，低于当地价格。

小红书提供了两种物流配送方式：一种是海外直邮集货模式，另一种是国内保税备货模式。

海外直邮集货模式：大概需要 2 周时间，用户收到的是从海外邮寄到境内的商品。

国内保税备货模式：先把货进到国内保税仓库，然后再上架售卖，可以提供给用户类似国内购物的快捷物流体验，3 天左右可以收到货。

2015 年 3 月，小红书与郑州保税物流中心签订合作协议，作为第一家移动互联网公司入驻保税区。2017 年，小红书建成 Redelivery 国际物流系统，确保国际物流的每一步都可以被追溯，用户可以在物流信息里查找到商品是坐哪一列航班来到中国的。

同时，小红书关注用户的体验，每个细节都精益求精。比如，包裹的纸盒都经过设计师精心设计，内外层都是彩色印刷，里面还有 CEO 亲笔签字的信，让每个用户都感受到被关怀。

（三）营销手段

1. C2B 口碑营销

与传统的 B2C 营销模式——"先做产品，为产品找用户"不同，小红书先聚集用户，根据用户的需求做产品。消费者提出需求，生产企业按需求组织生产。小红书购物笔记社区积累了大量的用户数据，包括用户的分享、点赞数量、高曝光率商品等。来自用户的数千万条真实消费体验，汇成全球最大的消费类口碑库，也让小红书成了品牌方看重的"智库"。对这些数据进行简单运算和人工筛选后，小红书确定采购货品的种类与数量。社区的信息引导优势使得小红书实现了"提前预测——少量精品——快速销售"的模式。开创了全新的 C2B 口碑营销模式，即用户数据决定卖家的商品选择。

小红书成了连接中国消费者和优秀品牌的纽带。通过小红书，中国消费者了解到了国外的好品牌。比如，Tatcha 在美国口碑很好，在中国却默默无闻，用户在社区分享消费体验后，它渐渐受到中国消费者的关注和青睐。现在，小红书成为 Tatcha 在中国的唯一合作方。

小红书也致力于推动中国的品牌走向世界。目前，小红书上已经聚集了一批优秀的国产品牌。借助于小红书社区的口碑模式，这些品牌不必将大量的资源投入到广告营销中，而是可以专注于产品的设计和品质。

2. 短视频营销

作为一个生活方式平台，自 2013 年创立至今，小红书先后经历了从攻略分享到经历分享，再到生活片段分享的平台定位升级历程，截至 2019 年 1 月，小红书用户超过 2 亿，其中"90 后"和"95 后"是最活跃的用户群体。通过短视频、图文等形式记录生活的点滴，是小红书用户习惯的日常动作。

与传统的图文和长视频不同，短视频强调轻量级的表达与内容消费，在产品形态、用户体验和使用上都与小红书本身的特质相贴合。在小红书看来，通过短视频占据用户高频使用场景，丰富内容生态，并进一步提升品牌商业化变现能力，是流量红利触顶、智能终端进入存量时代背景下运营成败的关键。以短视频方式呈现美好生活，与小红书"让全世界的好生活触手可及"的使命是一脉相承的。小红书希望用户在拍视频、看视频与分享视频中，在每一个环节都能得到正向激励，并由此得到触动——"找到你想要的生活"。

2019 年 2 月 5 日至 11 日（即大年初一至初七），人民日报客户端上线"春节签到赢福袋"活动，配合答题签到活动，由小红书独家支持的系列微视频《中国福》也将同期上线。该系列微视频以不同采访对象表达自己对"福"的不同理解为表现手法，最终由不同地域、不同成长背景、不同职业和不同处境的个体之小福，汇集成国泰民安的家国之大福。

从产品形态而言，小红书上大量的 UGC 用户笔记呈现碎片化、轻量化的特点，这与短视频的产品形态高度契合。在内容真实性上而言，短视频制作比图文有更高的作假成本。对普通用户而言，基于短视频的实时分享则充分体现了小红书强调"真实"的理念。从用户体验看，小红书强调的是寻找新的好物与美好的生活方式，强调多元化的内容获取，而非消耗大量时间的沉浸式体验。通过短视频，小红书能够进一步丰富内容形式，增加抵达用户的触点，在优化体验的同时降低时间成本。

通过"春节签到赢福袋"活动，小红书在以短视频方式为网友诠释更多"中国福"的同时，也将"真实、美好和多元"的精神和理念传递出去，帮助更多的人过上自己想要的生活。

3. 用户营销

小红书平台各类信息齐全，适合爱护肤爱美丽的女性朋友，从护肤到彩妆再到数码电子产品、奢侈品等，相关内容非常齐全。

用户每天可以刷新福利社，方便了懒得找代购且怕买到假货的用户，福利社推荐的东西都有口碑，不定期还有抽奖活动。

对用户的心得和经验进行分享，以此吸引其他用户的互动、点赞、评论等，以意见领袖的力量奠定社区的基础氛围。平台注重去中心化，鼓励每个用户发表自己的看法，有利于增强用户活跃性和对平台的黏性。

4. 明星、网红入驻，增强平台变现能力

为了提升用户黏性，增加更多优质内容，实现平台内容的多样化，2017 年小红书推出了"明星 KOL"（关键意见领袖 Key Opinion Leader，简称 KOL）项目，通过邀请明星、KOL、网红等人物入驻平台，与粉丝之间产生互动，来推荐产品，从而增加平台的变现能力。小红书通过利用明星亲自试用并直播分享给用户的方式，增强用户对平台产品的信任感，还提升了用户的"种草"效果，加上明星入驻，成功吸引了不少明星的自家粉丝，小红书也由此获得了更多的流量和关注，对于小红书、明星、用户和产品商而言，无疑实现了共赢，对于小红书来说，更是增强了平台的变现能力。

2019 年 1 月，"品牌合作人平台"在小红书上线，开放了品牌方、内容合作机构（MCN）和品牌合作人（达人、博主、KOL 等）入口。在这一开放的营销平台上，品牌合作人除了能看到粉丝数、笔记数等基础数据外，也能看到近 30 天笔记平均阅读数、曝光数、分享数等更高阶的互动信息，并可与品牌方互动。通过资质认证的品牌方能基于数据信息在 8000 名博主中挑选品牌合作人。

5. 擅于抓当今粉丝心理

小红书擅于抓用户心理，知道用户更喜欢看什么。《偶像练习生》是爱奇艺 2018 年重点打造的中国首档偶像男团竞演养成类真人秀节目，小红书与其进行合作，成为《偶像练习生》的赞助商，练习生们也纷纷入驻小红书，粉丝通过与偶像之间建立互动环境，不仅增加了粉丝对于练习生的黏性，对平台而言黏性也随之增加。

利用《偶像练习生》入驻小红书，将粉丝逐渐变成平台的用户、消费者，从而对产品、品牌进行宣传和推广，可谓是实现了共赢。由此看来，社交电商小红书能够在众多社交电商平台中脱颖而出，正是因为它更懂得、更了解用户。

三、小红书盈利模式

我们可以用"免费资讯＋收费产品"来概括小红书的主要盈利模式，即小红书主要是通过提供免费社群服务来获取消费者信息，进而提供跨境产品来连接红利。通过提供免费的社群服务，搭建和消费者直接互动的桥梁，继而为消费者们精准提供商品来从中获取利润。这种盈利模式是建立在免费的基础之上的，获取了大量资讯的"小红薯们"需要福利社来满足自己在资讯之上的进一步购买行为。虽然大量免费的信息不能直接为小红书带来收益，却可以有效地增加平台的流量，再加以引导，逐渐形成活跃健康的生态圈，从而吸引其他优质供应商的入驻。

具体来说，小红书的盈利模式可分为两方面：

（一）产品方面

（1）小红书所主导的新型社区电商模式以信息驱动，用户生产内容，通过真正的社交信息流方式，将线下闺蜜逛商场时的冲动消费场景搬到了线上。告别了互联网电商比价场景，而代之以口碑营销的新模式。信息平台注重优质内容的累积，适合新入品牌，然后通过搭建供应链完成产品闭环。小红书福利社积累了大量的商品口碑和用户行为，其数据能够帮助用户更好地选品。

（2）个性化推荐。用户花足够的时间在小红书 App 里，通过点赞、收藏、关注、分享等行为查阅关于产品的信息，这个是社区性电商的天然优势。小红书的用户平均每月打开 App 超过 50 次，使用时间在 130 分钟以上，这是纯电商无法获取的极高价值的底层数据。

（二）商业方面

（1）小红书跟境外品牌商或大型经销商建立直接的联系，实现境外直采，并在国内保税区仓库进行备货，从而保证真品和发货速度。

（2）除了广告模式，小红书在商业模式的发展上，还衍生出很多服务：成为目的地商家的电子优惠券分发平台；为出境购物的人群提供退税服务；为想购买外国商品但暂时没有出国计划的消费者提供海淘服务。当然，这些商业模式需要投入巨大的市场运营人力，小红书未必适合自己去做，但可以与第三方公司合作，向这些领域延伸拓展。

（3）小红书通过社区后台提供的一系列数据、调查、消费者的期待和反馈情况，挑选海外品牌的合作对象。例如小红书和日本护肤品巨头 Albion 澳尔滨的合作。Albion 澳尔滨的这款"健康水"，在小红书的相关帖的收藏率比平均值高出很多，各项互动数据都表明它在消费群体中的热度，正是这些数据让小红书把目光放在了奥尔滨身上，双方进行了不同方式的合作和探索，制定了有利于中国市场的长期市场策略。开创了全新的 C2B 的口碑营销模式，即用户数据决定卖家的商品选择。小红书福利社正是通过分享社区用户的行为数据，发现中国用户使用 Albion 澳尔滨单品后都是赞誉有加。同时，Albion 澳尔滨相关帖的收藏率也比平均值高出许多。

社群和电商俨然形成了该企业模式的"铁三角"，进而围绕该模式展开的一系列行为都是为了更好地进行社群和电商之间的转化。为了使单个的消费者和销售商之间产生关系和沟通，一方面可以通过提供免费的集群效应来实现，另一方面还可以利用社群的品牌效应将信息和生活娱乐以及社会认同等聚合到一起，从而实现连接，在这个过程中，传统的抽取差价的盈利模式会被舍弃，取而代之的就是这种线上的社区运营、数据基础上的电商运营，通过该模式电商可以建立新的渠道，产生新的收益，并且可以增加自己的虚拟资本，也就是人流量和端口的价值，进而在互联网的大趋势下，进行模式创新，大大推动跨境进口商品销售的发展。

未来，小红书还可实现的盈利模式包括已入驻商家在社群首页对新产品的试用报告资源位展示，在商城页面由用户直接发起团购，更加精准将用户的社群产品需求和购物需求以及 C2B 模式进行深度结合，实现社群内容产品和电商产品的无缝连接，从而提高转化率。

四、小红书平台规则

（一）注册（入驻）规则

小红书直接与品牌商或者大型贸易商合作以保证正品，所以一般个体商户或者普通用户不可以在小红书上卖东西。

首先，商家在入驻流程中选择开设单品牌店铺或多品牌店铺。如果用户是品牌商以及品牌授权的商家，必须开设"单品牌店铺"，如果商家拥有多个品牌，则需要开设多个店铺；如果是贸易商、零售商等，则必须选择"多品牌店铺"。小红书暂不接受只销售单品牌的贸易商和零售商。之后，系统会通过商家填写的信息，以及提交的资质类型，按官方规则自动匹配店铺类型。

在入驻流程中确定了合同内容之后，还需要在线下完成签署：小红书的法务会将盖好公章的一式两份合同寄往商家提供的经营地址。商家务必在收到合同的 2 个工作日内寄回。如果在法务寄出后的 1 个月内，商家尚未寄回，那么小红书可能会冻结商家账号。

通过资质审核后，商家被允许加入小红书官方培训群。同时，商家需要在入驻流程中，完成对合同内容的确认，并走完入驻流程，完成"基本信息"和"售后信息"的填写并上传商品。

（二）发布规则

1. 知识产权

小红书鼓励用户充分利用小红书平台自由地发布和共享自己的信息，用户对于其创作并在小红书上发布的合法内容（包括但不限于文字、图片、视频、音频等）依法享有著作权。用户不应通过小红书发布他人受知识产权法律等保护的内容，除非获得他人的合法授权。就用户发布的内容，若第三方向小红书投诉并提交初步证据，经小红书判断投诉属实的，小红书将会删除这些内容。如因用户发布的内容给小红书带来损失的，用户应当负责赔偿。

2. 规范化妆品、保健品、食品等类目

禁止描述内容中出现表达特殊功效和药效的极限词，并要求明确普通食品和保健品之间的界限等。目前，小红书对违规商家的处理包括但不限于商品下架、流量管控、店铺冻结、扣除违约金等。

3. 小红书最新规则

（1）小红书达人每月推广篇数的限制。针对这个限制，首先在选题方面，可以从案例故事、教程、测评、"种草"这类的主题去选择适合卖家产品的文章主题。

另外，对素人的推广笔记数量进行限制，并且要结合发布一些专业的干货性文章与品牌宣传文章。在达人笔记方面，数量需要是素人笔记数量的 10 倍以上，并且对达人笔记的专业性也要进行把控和提升。

（2）笔记的图片要求。图片方面一定不能是网络上搜寻的图片，需要是小红书达人实拍的原创图片，并且图片一定要真实、清晰。

（3）推广笔记、推广标识要求。针对这一点，撰写的笔记不能是单品内容，单品的笔记容易被平台判别为广告，没有曝光量也促进不了成交。所以，笔记撰写需要站在用户的角度，给

用户专业、真实的评测分享，通过这种方式来给用户"种草"，激发用户的购买欲望。

（三）评价规则

消费者在订单交易完成后，可基于真实的交易在交易成功后 90 天内使用评价工具包括商城评价工具和社区笔记发布工具（即"'小红薯'怎么说"）发布与交易的商品或服务相关的信息，为其他消费者在购物决策和商家经营决策提供参考。若超过 90 天，评价功能将自动关闭。

评价包括"店铺评分"和"评论内容"，店铺评分由消费者对商家做出，包括描述相符、商家态度、发货速度三项；"评论内容"包括"文字评论"和"图片评论"。

五、小红书新发展

（一）小红书获评美国《Fast Company》"世界最具创新精神"企业

2019 年 2 月，小红书入选美国《Fast Company》"2019 世界最具创新精神"企业榜单，紧随美团和阿里巴巴，在中国区域排名第三。

《Fast Company》是美国最具影响力的商业杂志之一，与《财富》《商业周刊》《华尔街日报》等媒体成为美国乃至世界商业领域的主流媒体。杂志每年会在全球范围内寻找具有创造性商业理念的公司，组成榜单。

《Fast Company》编辑团队对小红书给出了高度评价："小红书将用户推荐笔记和购买力结合，并且提供全世界的好产品，让中国消费者可以轻松购买。截至 2019 年 1 月，小红书已有 2 亿用户在这里分享生活。"

创立于 2013 年的小红书，始终致力于用优质内容和技术算法更好地连接人与美好生活，让全世界的美好生活触手可及，如今已打造出其他平台难以复制的独特生态。

截至 2019 年 1 月，小红书用户数已突破 2 亿，并持续快速增长，其中"90 后"和"95 后"是最活跃的用户群体。2 亿用户在小红书上分享真实的生活体验和消费口碑，并且通过算法推送给相似兴趣的人群。有数据显示，仅在 2018 年，小红书就提供了覆盖全球 120 个国家和地区的旅行笔记，帮助 4500 万"小红薯"找到心仪目的地，这些内容都是用户创造的；贡献了约 200 万支口红试色和 40 万套试衣间穿搭，而且还在不断增加。根据现在小红书拥有的穿搭信息，用户每天不重样地换装，可以持续 1095 年。

与此同时，小红书的社区和电商相互打通，让用户能够第一时间在小红书上购买全球潮流新品，并在站内完成从"种草"、分享到购买的消费体验闭环。

2018 年，小红书还开始了社区商业化的探索。2018 年 12 月，小红书上线了品牌合作人平台，用来连接品牌和小红书博主，同时，社区电商部为品牌打造了从社区"种草"到交易转化的标杆案例。近日，小红书又通过组织架构的升级，前所未有地整合了社区和电商两大业务资源。从这些举措中，不难看出小红书的未来愿景：与品牌、博主一起，共同打造更加健康高效的商业生态，更好地连接品牌和用户。

5 年来，小红书不设边界，坚持创新，如今已经成长为值得信任的生活方式分享平台和消费决策入口，也成为一座深受年轻人喜爱的"虚拟城市"。在小红书上，美好、真实、多元的氛围和有价值的内容输出，都在帮助 2 亿小红书居民找到他们想要的生活。未来，相信小红书的生态还将迎来更大的繁荣，"小红书之城"也将撕掉以往外界贴上的种种标签，跑出一条属于自己的新赛道。

（二）携手迪拜伊玛尔

迪拜被称为"奇迹之城"，这里拥有全世界最高楼、最高祈祷室、最奢华酒店、最大商场、最全奢侈品，还有大量的现代化设施。

这个迅速崛起、让无数人为之动容的城市正是由迪拜伊玛尔（EMAAR）建造的，不仅如此，迪拜城内最引人注目的城市建筑都来自伊玛尔之手，包括世界最高建筑哈利法塔（Burj Khalifa Tower）、世界最大音乐喷泉迪拜音乐喷泉（Dubai Fountain）、世界最大商场迪拜购物中心（Dubai Mall）、迪拜歌剧院（Dubai Opera）、迪拜市中心社区（Downtown Dubai）、迪拜游艇泊湾（Dubai Marina）、阿联酋山庄（Emirates Hills）、阿拉伯山庄（Arabian Ranches）……

2019 年春节，伊玛尔助力的小红书"最壕锦鲤"开奖，幸运儿不仅将获得由伊玛尔提供的迪拜豪宅，还有迪拜的免费往返机票，以及五星级酒店 3 晚的免费住宿权。

伊玛尔正在积极探索中国市场，华为、抖音、支付宝、小红书……中国领导品牌接连登上哈利法塔，绚丽多彩的灯光秀不仅在海拔高度上冠绝全球，更在品牌高度上征服世界。

启发性思考题 《《

1. 小红书的营销模式为企业带来了哪些效益？

2. 小红书笔记怎样才能排名靠前？

3. 撰写一篇自用的化妆品软文。

4. 登录并注册小红书，熟悉网站操作流程和平台规则。

5. 小红书 C2B 模式和传统的电商模式有何不同，它有哪些优势？

案例七

环球华品

一、环球华品平台简介

环球易购成立于 2007 年，创始人兼 CEO 是徐佳东先生。2014 年通过并购在中国 A 股上市，成为中国 A 股跨境电商第一股。2017 年其销售额突破百亿规模，每年保持复合增长率 100% 的增长。目前环球易购在全球 200 多个国家和地区都有销售网络。环球华品标志见图 7-1。

图 7-1　环球华品标志

公司通过"自营 B2C 平台 + 第三方平台"打下坚实基础，全力发展以 Earnest、ZAFUL 为代表的自营电商平台；同时在亚马逊、eBay、AliExpress、Wish 等平台上建立品牌站点，并积极拓展、培育新兴市场及地方性平台。

环球华品（Chinabrands）是环球易购打造的全球出口 B2B2C 一体化平台，环球华品连接两个端口，一个是供应商，另一个是分销商。有工厂、品牌或产品的贸易商可以通过供应商端口来接入到环球华品这个平台进行销售。如果一个卖家需要产品或者是仓储、物流资源，那么就可以接入到分销商端口，与环球华品进行合作。环球华品这个项目就是要打造这样一个全球共享供应链生态系统平台。

作为专业的跨境电商领域服务者，环球华品拥有超过 30 万种的在线商品，物流渠道覆盖200 多个国家和地区，在全球 12 个国家开设有海外仓，海外仓本地发货部分地区可实现 48 小时快速收货，致力于为跨境卖家提供简单高效的跨境销售体验。

2018 年 5 月，环球华品平台拥有近 5000 家优质供应商，超 30 万 SKU 供全球卖家选择，解决了跨境电商中小卖家的选品难题。目前，平台有近 60% 的注册用户为跨境卖家，内部孵化的大小卖家遍布在亚马逊、eBay、AliExpress、Wish 等电商平台，为数百万海外消费者提供服务。

目前，跨境电商行业呈现出了资本化、品牌化、渠道和市场多元化、精细化运营的行业趋势。而资金压力、产品开发难、利润低，是跨境电商卖家普遍存在的三大痛点。环球易购旗下跨境出口分销平台环球华品正是重点基于这些痛点与卖家进行"轻资产"运营合作，来实现低风险、低成本、零库存经营，以产品分销为基础，面向国内外跨境电商卖家提供包括培育孵化、数据咨询、商品分销、海外仓储、跨境物流、售后支持等服务在内的跨境电商供应链体系解决方案。

二、环球华品平台规则

（一）注册规则

新用户免费注册成为注册会员，符合条件的用户还可免费领取终身 VIP 会员。根据用户上一个月的销售业绩表现，VIP 会员可升级成为 VIP 会员（铜牌）、VIP 会员（银牌）、VIP 会员（金牌）。VIP 等级越高，所能下载的产品说明数量越多，并且从环球华品网站上采购商品的价格会越低。用户在注册或者续费 VIP 会员的时候，环球华品平台都会赠送积分。用户在环球华品网站消费（采购）时，积分可以按照 1 积分 =0.01 美元的比例抵扣货款（包含仓储物流费用），最高比例不超过货款的 3.5%。

（二）授权规则

1. 账号

（1）一个环球华品账号可以绑定同一个平台的多家店铺。

（2）一个环球华品账号可以绑定多个平台的不同店铺。

（3）一个平台店铺只能绑定一个环球华品账号，切勿在环球华品注册多个账号绑定同一店铺。

2. 支持电商平台

环球华品目前支持电商平台如下（见图 7-2）。

图 7-2　环球华品支持的电商平台

（三）选品规则

环球华品产品分为两类，即自营产品和分销直上产品。

（1）环球华品自营产品，指产品归环球华品所有，产品资料为环球华品制作维护，产品上标注有"环球华品"字样。

（2）环球华品分销直上产品，指产品归供应商所有，环球华品给供应商提供平台、仓储和物流服务（目前暂不能提供海外仓储服务），帮助供应商进行一件代发，产品资料为供应商自己制作维护，环球华品平台仅做审查；产品上标注有"EXT"字样。

（四）刊登规则

刊登有如下几种方式：

（1）一键刊登上传。

（2）Excel 下载资料再上传。

（3）下载环球华品客户端。

（4）通过 API 导入。API（Application Program Interface），是一种应用程序接口，API 的一个主要功能是提供通用功能集，为各种不同平台提供数据共享。

（五）下单规则

下单时中国站接受的支付方式有：PayPal，Payoneer，银行线下转账。

账户充值的支付方式有：PayPal，微信支付，Payoneer，T/T（线下银行转账仅支持美元到账）。

会员续费的支付方式有：账户余额，PayPal。

（六）发货规则

环球华品的平台物流已遍布世界各地。对于平邮运输方式，通过邮局运送包裹，大约需要 7 ~ 25 个工作日可到达世界上大多数国家和地区。对于标准运输，使用快件运送包裹，通常需要 5 ~ 10 个工作日可到达几乎所有国家和地区。对于特快运输，根据目的地使用 DHL 运送，通常需要 3 ~ 8 个工作日可到达几乎所有国家和地区。

具体的物流方式、时效和运费可登录产品详情页面，点击"成本预估"查询。

（七）售后规则

非 3C 类产品质量问题或无法使用，可以在签收后 15 天内提出退货退款或换货申请；3C 类产品到货损坏或无法使用，可以在签收后 30 天内提出退货申请。3C 产品所涵盖的产品目录范围为平板电脑、手机、电脑、消费电子、手表、主机。

三、环球华品运营模式

（一）一件代发模式

一件代发是一种在线零售方式，它允许零售商从供应商处独立购买商品，由供应商直接负责向最终客户交付商品（见图7-3）。

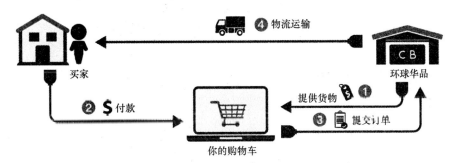

图7-3　环球华品一件代发模式

环球华品是一个全球一件代发分销平台，同时向全球跨境电商卖家提供海量优质货源、全球海外仓储、跨境物流、IT 技术支持等服务在内的跨境电商供应链体系解决方案。

（二）一件代发流程

环球华品一件代发流程如下（见图7-4）。

1. 注册升级为VIP
在Chinabrands注册
账号，同时需要
升级成为VIP会员

2. 授权店铺
将您的CB账号
和您的店铺
授权绑定

3. 一键刊登
将CB的产品
资料刊登至
您的店铺

4. 下单支付
当您店铺出单之后，
将订单同步至CB系统，
下单完成支付

5. 仓库发货
Chinabrands直接
将产品发货至
您的客户手上

图7-4　环球华品一件代发流程

1. 注册并升级为 VIP 会员

在开启一件代发业务之前，首先需要注册环球华品的账号，并升级成为 VIP 会员。

VIP 会员可享受以下权益：

（1）产品下载无限量支持平台标准模板。

（2）授权对接 15 个主流平台，订单处理全自动。

2. 授权绑定店铺

在环球华品操作授权绑定平台店铺，表示卖家同意环球华品程序自动读取店铺的相关数据，以方便后续实现产品资料一键刊登、订单自动同步、自动标记发货和跟踪号自动上传等功能。环球华品会确保卖家账户信息的安全性，卖家的 API 授权信息仅用于环球华品正常功能对接。目前，环球华品支持 15 个主流销售平台的授权对接，分别是 Amazon、Wish、eBay、Shopify、AliExpress、Priceminister、Shopee、MercadoLibre、Cdiscount、Newegg、Linio、Lazada、Joom、Kilimall、Jumia，各平台授权模式各有不同。

3. 选择合适的产品刊登至店铺

（1）一键自动刊登。

目前只开放 AliExpress、Wish、Lazada、Shopee 这 4 个平台的卖家，完成店铺授权后，可以选择自动刊登。

（2）手动刊登。

1）产品批量导出。批量导出功能主要适用于批量上架产品，环球华品可根据各个平台的标准模板样式导出产品资料，卖家只需稍作自定义调整即可直接批量上传到对应平台，无须自己重新整合产品资料。

目前批量导出支持 Wish、Jumia、Shopee、Kilimall、Cdiscount、Joom、Linio、Amazon 这 8 个平台；此外，还提供有环球华品通用模板 Basic Template，其他平台或独立网站的卖家则可使用环球华品通用模板批量导出产品图片、描述等产品资料信息后，再自行整合。

2）通过客户端软件下载。为了方便卖家获取产品资料，环球华品开发了独立的客户端下载软件，卖家在网页上选择产品后点击下载，登录客户端软件即可获取产品资料。卖家将资料下载到本地后再上传至各平台网站的销售店铺即可。

3）对接 API 获取。环球华品所有的 VIP 会员都有 API 对接的权限。先注册升级成为 VIP 会员，然后在 API 中心创建 App（见图 7-5）。

创建成功之后，VIP 会员即可获取到 App KEY 和 App Secret。参照 API 文档，VIP 会员可以在获取授权令牌后调用相关接口。

4. 一键同步订单至环球华品系统，下单完成支付

产品刊登至店铺之后，即可进行推广销售。待店铺出单之后，到环球华品操作同步订单，即可将店铺待发货的订单一键同步至环球华品账户。订单同步完成后，需在环球华品下单完成

支付，支付成功后，环球华品将安排发货。

图 7-5　环球华品 API 中心创建 App

环球华品一键同步订单支持 15 个第三方销售平台，如果是独立站卖家或者非上述 15 个平台的卖家，则可选择以下几种方式：

（1）购物车直接下单。直接在页面将商品添加至购物车，再到购物车结算下单。

（2）Excel 表格批量导入订单。将订单信息录入 Excel 表格，批量导出环球华品系统提交支付的下单方式。

（3）API 导入。如果卖家有自己的技术开发团队，那么环球华品提供的 API 接口可帮助卖家实现产品资料批量获取、产品信息实时更新、订单批量导入等功能。

5. 环球华品仓库发货

订单支付完成后，环球华品将安排发货。正常情况下，会在 24 小时内完成发货。

6. 店铺自动标记发货并上传跟踪号

环球华品完成发货之后，即可将订单发货状态和物流跟踪单号自动同步至卖家的店铺。此时，订单交易状态已完成。在实现订单发货状态和物流跟踪单号自动同步之前，卖家需要在环球华品后台完成物流跟踪单号上传规则配置。

一件代发提供的最大优势是，分销卖家只有在接到订单后才下单。简言之，销售过程中卖家不需要商品库存，所有商品由第三方代理发货。当需要某款产品并且无最小订货量限制时，分销卖家可以只订购所需要的产品。这种便利性确保了分销卖家能迅速将新产品添加到产品线中，能够测试新品和畅销品，不存在某个特定产品线库存积压或滞销的风险。这种无风险策略也提高了分销卖家对不断变化的市场需求的响应能力，消除了囤积过时产品的风险，同时能够在尽可能早的时间内添加最新产品，获得更大的竞争优势。

（三）环球华品优势

作为专业的跨境电商领域服务者，环球华品拥有超过30万的在线商品，物流渠道覆盖200多个国家和地区，在全球12个国家和地区开设有海外仓，海外仓本地发货部分地区可实现48小时快速收货，致力于为跨境卖家提供简单高效的跨境销售体验。具体来说包括以下内容。

1. 海量货源

（1）超过30万的在线SKU，保持平均每天超过100种的上新速度。

（2）仓库现货，解决库存烦恼。

（3）提供19个品类、平台热销、海外直发、库存充足等多维度产品推荐，解决选品难题。

（4）提供精美产品图片和描述，支持英语、德语、俄语、法语、西班牙语等多语言描述下载。

2. 仓储服务

（1）95%以上订单可以实现24小时发货。

（2）12国40个全球共享仓逐一开放，专享48小时快速收货体验。

3. 物流服务

（1）超过200个物流渠道覆盖全球200多个国家和地区。

（2）支持对接AliExpress，eBay，Wish，Lazada，Shopee，Linio等平台线上物流。

4. 技术支持

（1）支持对接Amazon，AliExpress，eBay，Wish，Lazada等15个主流销售平台，可实现产品一键刊登、订单自动同步、物流跟踪单号自动上传等功能。

（2）提供公共API接口，可实现产品资料获取更新、订单导入、运费查询等功能。

（四）盈利模式

1. 提供服务

环球华品平台不会收取任何订单成交佣金，只收取会员订阅费，它是一个向全球B2B跨境电商卖家提供中国海量货源的自营平台。前端提供新/小卖家孵化、培育服务，后端立足于跨境供应链全链条（仓储、物流、金融等）服务，并对这些服务收取一定费用。

2. 代销平台

国内的卖家与海外一些厂商合作，在产品生产出来之后刊登到环球华品网站上，然后就可以在环球华品的网站上找到自己想要售卖的产品，并上传到自己国内的网站店铺上，有客户下单后，环球华品检查、包装产品，并与合作的物流公司直接将产品送到客户手中，并从中赚取差价及汇率差。

3. 广告费用

环球华品对登录在网站上的产品也会收取小广告费，竞价排名。

四、环球华品推广模式

（一）聚焦准确选品与精细化运营

经过多年累积，环球易购实现了广泛的销售渠道、地域覆盖和产品品类覆盖，很大程度上降低了对单一地域或产品品类的依赖度，能很好地结合不同地域、不同品类的销售旺季与特点，持续地组织准确选品与精细化运营。同时，通过供应商管理、备货、库存管理、仓储物流、客服等各方面工作的优化加强，为境外用户提供完全本地化的购物与服务体验。

（二）大数据下的精准分析，环球选品趋势预测

环球华品有明确的选品和运营策略，运用大数据分析和用户调研，选取销量高、利润率高、受欢迎程度高且用户满意度高的产品。作为环球易购精心打造的全球跨境出口电商综合服务平台，环球华品为国内外跨境电商卖家提供包括准确货源、跨境仓储、海外物流、售后支持等服务在内的完整供应链体系解决方案，让跨境购物更简单。环球华品将多年来建立的选品、货源、渠道、流量、仓储物流、客服等方面的能力和优势共享给行业卖家，赋能更多中国企业进军海外市场。

（三）借力供应链服务

环球华品是环球易购旗下做分销的平台，主营业务包括货源（选品）、海外一件代发（物流）、海外仓三个主要方向。

（1）货源。背靠环球易购的供应链体系，供应链数量较多，覆盖全品类。同时，拥有一个大数据选品项目，根据销售地的国别、时间、季节和营销节点以及用户人群的属性，甚至是卖家想卖的东西匹配与其关联的选品，这种都是智能的选品技术，对于卖家初期选品有很大帮助。

（2）一件代发。现在很多平台都可以提供一件代发服务，对于平台卖家以及自建站的平台来说非常有用。

（3）海外仓。环球易购在全球有将近40个海外仓，总面积20多万平方米。这些海外仓直接决定了物流的时效性，借助海外仓环球华品提出了48小时收货服务，保证用户可以在48小时之内收到货。卖家可以通过使用48小时极速收货服务来达到从用户下单到用户收货48小时的时效区间，这对于提升卖家和自建站的物流服务水平很有帮助。

此外，在运营方面，环球华品提供一键刊登和自动抓单两个功能，帮助卖家优化Listing页面和处理订单，大大提升效率。数据驱动运营方面，通过抓取自营站的流量数据，运用大数据对用户和站内的SKU选品做匹配。

通过抓取谷歌关键词搜索的频率，把数据形成流行趋势的预测和用户关注趋势等，帮助大家做更好的选品策略。环球华品还通过集成简单的ERP系统、大幅简化跨境运营链条等方式，简化环节、减少运营推广成本，助力厂家供应商快速走向全球。

五、环球华品实力"助攻"

2018年8月22日，2018 CCEE（厦门）雨果网跨境电商选品大会在厦门国际会展中心火热开启。环球易购携旗下全球跨境出口电商综合服务平台——环球华品精彩亮相，为跨境出口卖家带来新跨境选品与运营策略，并现场对接优势资源。

在主会场上，环球易购分销招商总监高志强做了精彩的主题报告，详细介绍了新跨境时代的选品趋势，分享了基于平台、供应链、"生产＋销售渠道融合"、智能选品、专供创新五类选品模式，并分析新跨境选品呈现出了个性化、数字化、全球化、本土化的趋势。他强调：要从交易属性、功效、运输、品牌四个角度去考虑选品，"品牌是未来持续做销售和经营的根本，可以给产品带来品牌溢价的优势"。

高志强介绍道：经过多年累积，环球易购实现了广泛的销售渠道、地域覆盖和产品品类覆盖，很大程度上降低了对单一地域或产品品类的依赖度，能很好地结合不同地域、不同品类的销售旺季与特点，持续地组织精准选品与精细化运营。同时，通过供应商管理、备货、库存管理、仓储物流、客服等各方面工作的优化加强，为境外用户提供完全本地化的购物与服务体验。他表示：结合环球易购2017年"黑五"的战绩表现，持续看好新兴市场的销售增长，相信2018

年下半年产品品类的营收贡献也将更均衡、更健康。

"环球华品有明确的选品和运营策略，运用大数据分析和用户调研，选取销量高、利润率高、受欢迎程度高且用户满意度高的产品。"针对 2018 年下半年的旺季选品，高志强介绍了环球华品的选品方向，重点推荐了 12 个热点类目，包括手机配件、LED 灯 / 新奇特灯、户外运动产品、智能手表手环、男装、3D 打印机、电脑周边配件、女装、家居装饰、男士运动鞋、新奇或益智玩具、五金工具。

作为环球易购精心打造的全球跨境出口电商综合服务平台，环球华品为国内外跨境电商卖家提供包括精准货源、跨境仓储、海外物流、售后支持等服务在内的完整供应链体系解决方案，让跨境更简单。高志强表示：环球华品将多年来建立的选品、货源、渠道、流量、仓储物流、客服等方面的能力和优势共享给行业卖家，赋能更多中国企业进军海外市场。

启发性思考题 **《**

1. 环球华品是一个怎样的跨境电商平台？
2. 简述环球华品一件代发模式流程。
3. 环球华品推广模式有哪些？
4. 注册并登录环球华品网站，熟悉网站操作流程和平台规则。
5. 在新一轮的挑战下，你认为环球华品应该如何调整战略以适应市场变化？

案例八
Amazon 亚马逊

一、亚马逊简介

（一）亚马逊公司

亚马逊公司是在1995年7月16日由杰夫·贝佐斯（Jeff Bezos）成立的，一开始叫Cadabra，性质是基本的网络书店。随着销售额迅速飙升，其销售范围也不断扩大（不再是只卖书籍而已），于是贝佐斯决定给公司重新起个名字。

亚马逊名字由来原因有三：第一，贝佐斯想取一个"A"开头的名字，这样在按字母排序的网站索引可以排得靠前些；第二，亚马逊这个词，得名于希腊神话中女性部族亚马逊女战士。亚马孙河是世界第一大河流，孕育了地球上多种生物，用亚马逊的名字来命名自己的公司，希望自己的公司有朝一日也可以成为世界上最大的企业之一；第三，亚马逊的 Logo 里字母下方的微笑曲线其实是个箭头，从字母 A 指到字母 Z，象征着 amazon.com 从 A 到 Z 什么都有。因此，贝佐斯将 Cadabra 重新命名，于1995年7月重新开张。该公司原于1994年在华盛顿州登记，1996年改到德拉瓦州登记，并在1997年5月15日上市。代码是 AMZN，一股为18美元。亚马逊标志见图8-1。

图8-1　亚马逊标志

为了和线下图书巨头 Barnes&Noble、Borders 竞争，贝佐斯把亚马逊定位成"地球上最大的书店"。为实现此目标，亚马逊采取了大规模扩张策略，以巨额亏损换取营业规模。经过快跑，亚马逊从网站上线到公司上市仅用了不到两年时间。1997年5月，当 Barnes&Noble 开展线上购物时，亚马逊已经在图书网络零售上建立了巨大优势。此后，亚马逊和 Barnes&Noble 经过几次交锋，最终完全确立了自己最大书店的地位。

1997年亚马逊转型成为综合性网络零售商。亚马逊在推广跨境电商时，采取的方式是收购或自建本土化网站进入国外市场；同时，在世界各地推出全球开店业务，目标直指全球范围内的采购和销售。在全球范围内，亚马逊是对卖家要求最高的跨境电商平台，它不仅要求卖家的商品质量必须有优势，而且还必须有品牌才行。

新人注册亚马逊账号以后，后期收款的银行账号需要是美国、英国等国家的账号。对于成熟的亚马逊卖家，最好先注册一家美国公司或者找一家美国代理公司，然后申请联邦税号。选择亚马逊平台需要有很好的外贸基础和资源（包括稳定可靠的供应商资源、美国本土人脉资源等），卖家最好有一定的资金实力，并且有长期投入的心态。

2001 年开始，除了宣传自己是最大的网络零售商外，亚马逊同时把"最以客户为中心的公司"确立为努力的目标。此后，打造以客户为中心的服务型企业成了亚马逊的发展方向。为此，亚马逊从 2001 年开始大规模推广第三方开放平台（Marketplace）、2002 年推出网络服务（AWS）、2005 年推出 Prime 服务、2007 年开始向第三方卖家提供外包物流服 Fulfillment by Amazon（FBA）、2010 年推出 KDP 的前身自助数字出版平台 Digital Text Platform（DTP）。亚马逊逐步推出这些服务，使其超越网络零售商的范畴，成了一家综合服务提供商。

2018 年 6 月 20 日，亚马逊官网推出亚马逊全球收款服务。此服务无须外国银行卡或者第三方账户，卖家可以使用本地货币接收全球付款，并直接存入卖家的国内银行账户。

（二）亚马逊平台特点

（1）亚马逊重商品轻店铺。亚马逊一直以来都是重商品轻店铺，亚马逊上的每件商品只有一个详情页面。相对其他平台，亚马逊的搜索结果清晰明了，每个商品只会出现一次。如果多个卖家销售同一款商品，不同卖家的报价会在商品的卖家列表上显示，消费者不需要在大量重复的商品列表里大海捞针。

（2）亚马逊物流。亚马逊物流（FBA）是亚马逊全球开店的一项重要服务，卖家只需将商品发送到当地的亚马逊运营中心，亚马逊就会提供商品的拣货、包装、配送、客服以及退换货服务。加入 FBA 的卖家能够提高商品的曝光率，直接接触到亚马逊的 Prime 用户。Prime 是亚马逊推出的会员服务，会员享受权益包括海外购满 200 元包邮、国内订单全免邮、抢先抢购秒杀产品等。卖家只需专注于如何提升商品质量和打造品牌，由亚马逊提供快捷方便的物流服务。平台也为使用亚马逊物流的卖家提供用所在国语言回答买家的订单疑问服务，这为卖家提供了强大的支持后盾。

（3）支持货到付款的方式。

（4）亚马逊不卖仿品。

（5）一台计算机只能登录同一个账号。账号基本不会有太大的安全问题。

（三）亚马逊中国

亚马逊中国，前身为卓越网，被亚马逊公司收购后，成为其子公司，经营图书音像软件、图书等。卓越网创立于 2000 年，为客户提供各类图书、印象、软件、玩具礼品、百货等商品。亚马逊中国总部设在北京，并成立了上海和广州分公司，至今已经成为中国网上零售的领先者，是全球领先的电子商务公司，亚马逊中国坚持"以客户为中心"的理念。承诺"天天低价，正品行货"，致力于从低价、选品、便利 3 方面为消费者打造一个百分百可信赖的网上购物环境。

2014 年 10 月，亚马逊中国正式推出海外购物网站直邮中国服务，中文海淘网站"海外购"也同步开始试运营。亚马逊美国、德国、西班牙、法国、英国和意大利开通直邮中国的服务，消费者可从这 6 大海外站点的 8000 多万种国际产品中任意选择购买。

亚马逊中国目前有 15 个运营中心，分别位于北京（2 个）、广州（2 个）、成都（2 个）、武汉、沈阳、西安、厦门、昆山、上海、天津、哈尔滨、南宁，总运营面积超过 70 万平方米，拥有世界一流的自动化包装流水线、商品摄影棚和图片处理平台，以及先进的订单处理系统和库存管理系统。亚马逊运营中心主要负责厂商收货、仓储、库存管理、订单发货、调拨发货、客户退货、返厂、商品质量安全等。

（四）亚马逊"全球开店"

亚马逊"全球开店"项目主要是为亚马逊卖家开展跨境贸易提供全方位支持的，包括开店前为卖家提供指导，定期提供卖家培训，为卖家提供亚马逊物流整体解决方案等。

2012 年亚马逊在中国正式推出"全球开店"；2018 年 12 月 5 日，亚马逊全球开店中国宣布，将为中国的出口电商卖家新增两个海外站点——亚马逊印度站点（Amazon.in）以及亚马逊中东站点（Souq.com），为其布局全球提供新机遇。中国卖家可以登录中东站的阿联酋和沙特阿拉伯站点，开展跨境电商出口业务。至此，已有包括亚马逊美国、加拿大、德国、英国、法国、意大利、西班牙、日本、墨西哥、澳大利亚、印度、中东在内的亚马逊全球 12 大海外站点面向中国卖家开放。

"智造不凡，品见未来"亚马逊全球开店中国 2018 卖家年度峰会 12 月 6 日在宁波举办，并发布亚马逊全球开店中国 2019 年业务战略重点，帮助卖家以创新和品牌致胜全球跨境电商出口、加速全球业务布局。

亚马逊全球开店亚太区负责人戴竫斐表示："越来越多的中国企业把亚马逊全球开店作为跨

境出海的关键合作伙伴。2019 年，亚马逊全球开店将全力推动中国卖家进行产品创新与快速迭代，以帮助企业提升业绩并增强核心竞争力。"

二、亚马逊业务产品

亚马逊是几乎任何的商业规则的例外情况。这家西雅图公司从做网上书店发家，如今已经发展成为一股至少横跨 5 个不同的大型行业的重要力量，包括零售、消费级技术、云计算、媒体和娱乐。亚马逊现在依靠三大支柱：捆绑主要数字媒体产品的电商会员服务 Amazon Prime，领跑云计算行业的 AWS，以及第三方卖家业务 Marketplace。今时今日的亚马逊远不止是"万货商店"了，它可以说是消费级 AI 和企业云服务领域的领先者。

（一）并购活动

2017 年第一季度，亚马逊公司进行了四宗并购交易。亚马逊的部分大手笔收购符合"梦幻般业务"的四个标准：顾客喜欢、能够增长到很大的规模、有很高的资本收益率、经得起时间的考验——有潜力持续发展数十年时间。在亚马逊史上，规模最大的几宗交易包括：鞋类零售商 Zappos（2009 年，12 亿美元），电子竞技流媒体网站 Twitch（2014 年，9.7 亿美元），仓库机器人厂商 Kiva Systems（2012 年，7.75 亿美元）。该公司 2017 年的接连并购反映了其进一步提振 AWS 的欲望以及扩张海外市场的新愿望。期间，它收购了网络安全公司 Harvest.ai 和生产力软件 Do.com，同时也将中东电商网站 Souq.com 收归门下，该高价并购将可以帮助亚马逊将电商版图扩展到埃及、沙特阿拉伯和阿联酋。

（二）投资交易

近年来，亚马逊的投资焦点转向了包括医疗保健、语音、物联网和通信平台在内的多个行业相对富有远见的创业公司。这些投资大多数都与 AWS 生态系统有关，后者如今涵盖语音、AI、开发工具和云计算。

2015 年 6 月，亚马逊投入 1 亿美元成立它的首个独立企业创投部门——Alexa Fund。

（三）Alexa Fund

亚马逊旗下的风投机构 Alexa Fund 旨在将围绕 Alexa 的开发者和硬件生态系统培育成为通用的 AI 助手。Alexa Fund 目前几乎所有的投资都有潜力整合到 Alexa 的智能家居语音控制系统中。它们包括 Rachio（联网自动喷水灭火系统）、TrackR（小物件寻找器）、Nucleus（联网对讲机系统）、Petnet（智能宠物喂食器）、Musaic（联网音响），以及 Scout Security（监控摄像机）。

Alexa Fund 在 2015 年对 Invoxia 的投资，致力于生产磁性厨房设备，是首个在第三方硬件上使用 Alexa 语音服务的合作伙伴。Alexa Fund 的投资也指向了新的界面——比如 Thalmic Labs 主张的挥手感控技术——以及各种潜在的硬件品类，如 Embodied 开发的机器人伴侣。

（四）亚马逊的企业投资

在 2011 年至 2013 年期间，该公司仅仅投资互联网公司，但在 2014 年至 2016 年期间，它还投资了媒体、汽车与交通运输和移动领域。对于亚马逊来说，最新投资领域是医疗保健，公司投资了专注于癌症诊断基因组学的 GRAIL，这是亚马逊第一次投资生物科技创业公司。该交易标志着亚马逊新的投资兴趣，由于基因组序列需要非常强大的计算性能，所以 GRAIL 和基因组研究与应用可以充分地利用亚马逊现有的 AWS 业务。

（五）专利数据分析

近年来，亚马逊投入了更多的资源来积累知识产权。亚马逊 2015 年和 2016 年的专利领域为无人机和网络安全。无人机是亚马逊扩张 Prime Air 物流配送网络战略的重要组成部分。亚马逊的专利组合还包括一些颇具前瞻性的专利，它们涉及亚马逊未来可能会实施的未来主义物流网络。最近曝光的一项专利申请显示，亚马逊在尝试打造一个派遣装载包裹的无人机到地面送货的空中飞行仓库。该仓库被称为"空中物流中心"（AFC），该专利将其描述为"一艘维持在高空的飞船"。

从最近的专利绘图来看，亚马逊的配送中心将会使用机器人通过空中抛掷商品来配货。

（六）核心的电商和零售业务

作为一家没有实体店的互联网公司，在取得了数十年的繁荣发展后，如今也在几个层面将触角伸向实体零售，包括 Amazon Go、Amazon Fresh 和 Amazon Books。Amazon Go 是一个没有店员的实体店愿景，它将运用 RFID（无线射频识别）技术和计算机视觉来让 Prime 会员无须排队结账即可完成购物。未来 Go Store 零售科技技术可能会被打包起来，作为平台出售给实体零售商。这会让零售科技成为亚马逊提供的工具来向商家征税，以及可能收集更多的顾客数据的又一种方式。

涉足实体零售可让亚马逊通过线下的渗透扩大它的触角。亚马逊正在增设实体书店，将其推向美国的大城市。在海外市场，亚马逊据称要在印度市场经营食品杂货店。印度预计也将成为全球增长最快速的电商市场之一，亚马逊表示它将投资 30 亿美元发展印度业务，其在家居服务公司 HouseJoy 和保险平台 BankBazaar 的投资让它进一步渗入印度的科技生态系统。

（七）交通运输与物流

亚马逊在 2012 年收购仓库机器人厂商 Kiva Systems，目前，亚马逊在仓库有超过 4.5 万台机器人。近年来，亚马逊一直热衷于扩大其配送中心的覆盖范围，希望减少对传统配送网络的依赖，采取措施建立自有的配送网络。

2017 年亚马逊在肯塔基州完成了造价 15 亿美元的货运中心的开发。该公司计划租赁 40 架"Prime Air"喷气式货机，供中国的卖家使用它的配送网络。此外，该公司还充当货运代理人的角色，帮助中国供应商预订远洋货轮的货位。

（八）AI 与语音

亚马逊的 AI 项目最显眼的就是它的 Alexa 语音服务（AVS），该服务应用 AI 和自然语言处理（NLP）技术来形成由云端驱动的语音界面。亚马逊语音"技能"应用商店的技能数量如今超过 1 万种。Alexa 还带来了新的营收来源：语音商务。Alexa 上的技能可让用户无缝畅顺地订购更多的亚马逊商品，同时也支持诸如打车、订购比萨饼的第三方整合。

（九）媒体与出版

为了提高 Prime 的订阅量，亚马逊为会员服务推出了又一个特别的益处：Prime Video 视频流媒体服务。Prime 订阅是亚马逊的第三大收入来源，仅次于电商和第三方卖家平台业务。

亚马逊也已经将触角伸向内容分发以外的领域。Amazon Studios 工作室出品的电影在 2017 年斩获了三项奥斯卡金像奖：《海边的曼彻斯特》赢得最佳男主角奖和最佳原创剧本奖，《推销员》（The Salesman）赢得最佳外语片奖。

亚马逊签下了价值 5000 万美元的 NFL 流媒体直播合同，将进一步扩大该公司的触角。随着电子竞技的日益流行，亚马逊斥资近 10 亿美元收购的视频游戏直播网站 Twitch，如今已拥有高达 970 万名的日活跃用户。该公司吸引了 YouTube 游戏明星的入驻，并打算开始出售视频游戏。Twitch 会员服务向 Prime 会员免费提供，对于本已习惯于在线购买游戏内容的玩家来说，这让加入亚马逊的平台显得很有吸引力。

（十）AWS 和企业云

AWS 的诞生源于亚马逊将内部技术改造成云服务。这让创业公司得以从价格不菲的服务器硬件和产生固定成本的软件转向了按需使用的低成本模式，它也在很大程度上催生了新一波兴旺发展的创业公司，当中包括像 Palantir 和 Slack 这样的"独角兽"公司。如今，AWS 达到了一定的规模，未来的战略可能将会围绕让代码部署变得更加无缝、畅顺。我们可能将会看到更多让代码部署变得非常灵活简单的"即服务"型产品。

（十一）硬件与设备

亚马逊硬件研发部门 Lab126 制造包括 Fire TV 电视棒、实体购物按钮和平板电脑系列，Echo 的流行也让亚马逊成为语音计算的首选平台。亚马逊正在积极利用其在云服务领域的优势，专注于其物联网设备背后的软件平台。

（十二）其他的新业务

亚马逊一直在试验提供金融技术。

在有望成为全球最大电商市场的印度，亚马逊给线上卖家提供贷款，让供应商能够扩大经营和应对旺季生意。

亚马逊也在通过推出 Amazon Cash 来扩大它的金融触角，让用户能够将该服务加入到他们的亚马逊账户当中，进而可以在实体店出示条形码就能完成结账。该举据称旨在帮助吸引那些"未能得到充分金融服务的人群"，该类人群习惯使用现金，可能也对在线购物不大熟悉。

除了金融科技以外，亚马逊可能也已经瞄准了增强现实和虚拟现实（AR/VR）。亚马逊 AWS 上的游戏开发引擎 Lumberyard 有望在 VR 内容的开发扮演更加重要的角色。未来，亚马逊公司也将给它的实体店整合更多的增强现实技术，使得顾客能够感知商品放在他们家中会是什么样子。

总之，金融科技和 AR/VR 有望帮助亚马逊提供更加无缝、畅顺的商务。

三、亚马逊平台规则

（一）注册规则

企业资质：入驻亚马逊中国的卖家必须是在中华人民共和国境内（港、澳、台地区除外）注册的企业，且需要具备销售相应商品的资质，如：

（1）能够开具发票。如果顾客需要发票，须及时为顾客提供普通销售发票。

（2）具备全国配送能力。亚马逊顾客遍布全国，卖家会收到来自全国各地的订单，所以如果选择了自主配送模式，那么卖家需要具备将商品配送至全国的能力。个体工商户不能入驻亚马逊商城。

对一线卖家而言，若想注册亚马逊美国站，需要注意的事项如下：

（1）独立 IP。亚马逊美国站对账户关联方面有着强大的侦查能力，所以计算机和独立网络最好是专门为了指定的亚马逊账户而准备的，而亚马逊账号的操作也最好只限于这一台计算机。

（2）双币信用卡。要想激活亚马逊账户，卖家需要提供一张支持美元、可透支的 VISA 信用卡或者 MasterCard，同时提供有效的账单地址。

（3）联系电话。建议卖家提供美国当地号码的手机或者座机，便于注册时账户的验证；此处，建议卖家使用座机，因为手机验证时出现过 4 位 PIN 码输入无效的现象。

（4）邮箱地址。电子邮箱通常用作亚马逊的登录账号，邮箱注册成功后还可以更换。建议使用 gmail.com 等国际邮箱地址，最好不要使用企业邮箱注册亚马逊账号。

（5）银行账户。提供一张美国本土银行卡或者美国站支持的其他国家银行账户，便于收款。亚马逊店铺的交易额全部存储在平台账户系统，卖家若要提取款项必须输入美国银行卡 9 位汇款路由号码（Routing Number）。

亚马逊规定一个卖家只允许有一个亚马逊账号。一旦卖家被平台发现拥有两个以上亚马逊账号，那么平台会告知卖家账号关联的信息，并且会封锁卖家账号作为惩罚。

（二）发布规则

1. 确保商品质量

影响商品质量的违规行为可大致分为"严重不符"的商品违规行为和侵犯"知识产权"违规行为。

（1）"严重不符"的商品违规行为。卖家发布和配送的商品必须与相应商品详情页面上的描述和图片完全一致。发布或配送"严重不符"的商品违反了亚马逊政策。例如：

1）配送已残损、存在缺陷、分类错误、描述错误或缺失详情页面上的商品图片中显示的零件的商品。

2）在畅销相关商品的详情页面上发布卖家的商品进行销售，而卖家的商品却与该页面上的描述不完全一致。

如果卖家出售严重不符的商品，则应为买家退款或换货。如果卖家拒不退款或换货，则买家可以通过"亚马逊商城交易保障索赔"获得退款。

（2）侵犯知识产权。亚马逊尊重他人的知识产权。作为卖家要负责确保提供的商品合法且已授权，可进行销售或转售，并且这些商品没有侵犯他人的知识产权，如版权、专利权、商标权以及宣传的权利。

"知识产权"违规行为示例：

1）在未经商标所有者授权的情况下出售与热门商标商品相同的商品（也称为"假冒伪劣"）。

2）制造和出售与热门商标商品相同的商品。

3）在未经版权所有者授权的情况下在自己商品的包装上使用其他方的版权内容。

如果卖家发布的内容侵犯了他人的知识产权，则亚马逊可能会取消卖家的商品，或者中止或者取消卖家的销售权限。

2. 禁止销售未授权及无证商品

所有在亚马逊上供售的商品必须是经商业化生产、授权或批准作为零售商品出售的商品。

3. 正确使用商品详情页面，与实际的商品信息匹配

禁止为已存在于亚马逊目录中的商品创建商品详情页面。使用现有商品详情页面发布商品以供销售时，所选的商品详情页面必须在各个方面准确描述该商品，包括（但不限于）以下属性：制造商、版次、捆绑组合、版本、格式或播放器兼容性。同时，卖家不得为完全相同的同一商品创建另一条商品信息。

4. 禁止翻版媒介类商品

禁止非法出售未经持权者许可而再复制、配音、汇编或转换的媒介类商品（包括图书、电影、CD、电视节目、软件、视频、游戏等）。

禁止媒介类商品的促销版，包括图书（试读副本和未校对样稿）、音乐和视频（试看录像）。这些产品仅用于推广目的，一般不授权零售分销或销售。

5. 不得侵犯他人公开权

卖家有责任确保商品和商品信息未侵犯他人的公开权。例如，必须先获取相关方的适当许可，才能在商品信息或商品中使用名人的图片和姓名。这包括名人产品代言，以及在商品或宣传材料（如海报、鼠标垫、钟表、数字格式的图片集、广告等）上使用名人的肖像。

（三）交易规则

1. 禁止非法复制、复印或制造的任何商品

卖家在亚马逊上出售的商品必须是正品。亚马逊禁止发布侵犯他人商标的商品和商品信息。必须先获取他人的适当许可才能使用其商标。亚马逊禁止发布侵犯他人版权的内容，必须先获

取他人的适当许可才能使用其版权。作为卖家，有责任确保商品未侵犯他人的专利权。

2. 禁止滥用销售排名

畅销排名功能有助于买家评估商品的受欢迎程度。禁止任何试图操纵销售排名的行为。不得征求或故意接受虚假或欺诈性订单，其中包括不得下单购买自己的商品。不得向买家提供补偿以使其购买商品，或为了提升销售排名向买家提供优惠码。此外，不得在商品详情页面信息（包括商品名称和描述）中宣传关于该商品的畅销排名信息。

3. 禁止滥用搜索和浏览

当买家使用亚马逊的搜索引擎和浏览结构时，他们希望找到相关且准确的结果。与商品相关的所有信息（包括关键字和搜索词）必须符合优化商品信息以便在搜索和浏览中提供指南。禁止任何试图操纵搜索和浏览体验的行为。

4. 禁止任何试图规避已制定的亚马逊销售流程或将亚马逊用户转移到其他网站或销售流程的行为

禁止使用任何广告、营销信息（特价优惠）或"购买号召"引导、提示或鼓励亚马逊用户离开亚马逊网站，方式包括使用电子邮件或者在任何卖家生成的确认电子邮件信息或任何商品/商品信息描述字段中包含超链接、URL 或网址。

5. 禁止进行不当的电子邮件通信

禁止主动向亚马逊买家发送电子邮件（必要时可进行有关订单配送及相关客户服务的电子邮件通信），禁止进行任何类型的与营销相关的电子邮件通信。

6. 禁止滥用亚马逊销售服务

如果卖家反复上传大量数据，或以其他方式过度或不合理地使用该服务，则亚马逊可自行限制或阻止卖家访问商品上传数据或被滥用的任何其他功能，直到卖家停止这种滥用行为为止。

（四）放款规则

对于正常经营的账号，亚马逊放款日固定，14 天为一个放款周期。但由于自发货的账号存在一定的潜在风险，所以亚马逊对于有自发货的账号，放款时会留存一部分储备金以降低风险，留存金额一般是一个或两个放款周期的收款额。

（五）评价规则

禁止任何试图操纵评分、反馈或评论的行为。买家可通过评分和反馈功能评估卖家的总体绩效，从而帮助卖家在亚马逊商城建立声誉。不得发布侮辱性或不恰当的反馈，也不得包含交易合作伙伴的个人信息。这也包括不得对自己的账户发布评分或反馈。卖家可以请求买家提供反馈，但不可以利诱买家，使其提供或删除反馈。

（六）售后规则

1. 禁止任何滥用亚马逊商城交易保障索赔流程的行为

收到亚马逊商城交易保障索赔的次数或总金额过多的卖家，有可能被终止销售权限。如果买家对商品或服务不满意，他们可以联系卖家，让其酌情安排退款、退货或更换。如果亚马逊根据亚马逊商城交易保障条款向买家做出了赔偿，亚马逊有权向卖家寻求补偿。

2. 禁止任何试图在交易完成后提高商品销售价格的行为

此外，卖家不得设置过高的订单配送费用。

3. 亚马逊将对不符合其安全标准的第三方卖家包裹罚款

2018 年底，亚马逊通知第三方卖家，将对不符合其安全标准的包裹收取罚款，这部分收费将归到亚马逊的"unplanned services"（计划外服务收费）中。

据了解，亚马逊的安全要求包括规定卖家需对含有有害物质（如气溶胶或电子产品）的产品进行特殊包装。亚马逊已于 2018 年 11 月 29 日开始试运行该规定，其表示在正式收取罚款前 1 个月会告知卖家。

四、亚马逊管理模式

（一）亚马逊商业模式——"飞轮"理论

亚马逊以"飞轮"带动规模成长，构建大体量低利润的竞争壁垒。亚马逊底层的商业逻辑是"飞轮"理论，支撑亚马逊"飞轮"的是客户体验的三大支柱：相对的低价、丰富的选择和便利（见图 8-2）。

首先找到一个低成本的结构，这个结构从商业模式、运作效率和管理方式来看都是低成本的，于是能提供低价格、高体验的产品，然后去获得海量的用户，进一步降低它的成本，降低它的价格，获取更多的用户，然后让批量变得越来越大，让竞争者进入的壁垒越来越高。

1. 亚马逊 B2C 经营模式

亚马逊 B2C 经营模式建立在互联网的基础上，与传统的价值链经营模式有很大的不同。从一个单一的图书，以及与图书有关的音像、唱片等商品，逐渐扩宽自己的经营范围，到现在涉足多个领域，包括摄影、家居、食品、体育用品等。

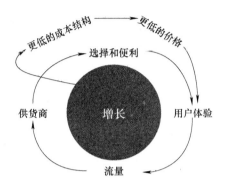

图 8-2 亚马逊"飞轮"理论

亚马逊网站采用线上销售的形式，直接面对消费者，少了中间商的利润留存，自然价格也低于传统商店的商品价格。而且成熟的物流管理使得体系更为高效，自然成本也会降低。亚马逊将自己的经营范围不断扩大，对自己的商品提供价格折扣，强有力地吸引了顾客，维护了客户群体，提升了竞争力。

2. 无货源模式

无货源的意思就是不备货、不存货，所以不需要准备大笔资金去存货找仓库，将这方面节省的大量成本投入到店铺运营中。但是无货源模式并不意味着什么都不需要准备，心血来潮看到产品就上传到亚马逊平台，这样是没有任何意义的，准确来说，无货源模式意味着所有工厂与店铺都有可能成为亚马逊的货源。

亚马逊卖家通过采集国内电商平台的产品，利用 ERP 管理系统进行翻译修改后加价上传到亚马逊店铺，然后销往全球市场。无货源模式，使得卖家不需要花费大量资金进行囤货找仓库，更不需要准备周转资金，不少在亚马逊无货源店铺获得不菲收益的电商创业者，纷纷开始扩大自己的店铺与模式，以此获得更高的收益。

（二）亚马逊的组织能力——"核心业务自建，以并购及合作加速'飞轮'"

亚马逊的组织能力似乎是没有边界的，从一开始的电商起家，然后到发展云业务，再到如今边界越来越广，做数字内容。其核心业务里大部分都是自建，在内部催生孵化，但也会通过收购来补充能力，以地区合作机构和开放平台生态伙伴的形式进行合作。

亚马逊正在系统性地把整个公司产品化，打磨那些被证明可行的业务，修补那些高潜力业务，再砍掉其他没什么意义的业务。

亚马逊人坚持以客户为中心，并坚持执行下去。

（三）亚马逊的业务团队——"稳定的业务架构"

亚马逊的组织架构有三大特点：

（1）亚马逊对组织架构概念比较弱化，架构调整频繁，基本基于贝佐斯的关注。

（2）各大业务板块互相相对独立，类似事业部制，职能闭环（包括产品、研发、销售、市场等）。

（3）强总部定位，核心产品及研发集中到总部，后台职能由总部统管，定向支持各个业务，区域偏执行层面。

（四）亚马逊创新机制——"通过管理手段覆盖完整创新矩阵"

亚马逊有一个完整的创新矩阵，涵盖各种类型的创新要素，能够通过贝佐斯的管理手段去覆盖，有自上而下的创新，也有自下而上的创新。一方面并不是贝佐斯完全高瞻远瞩，打一个准一个，大量创新其实也是失败的；另一方面，想法也不是不断地从下而上涌现出来。

每一个员工可以通过一个叫作 PRFAQ 的工具，直接把自己想法的 WORD 文档转成 PDF，可以不通过直线经理，而直接发给任何潜在的发起者；但同时，亚马逊其实也有非常教条式自上而下的创新方式，就是 E-Staff 团队。E-Staff 团队可以理解为亚马逊的总经理办公室，是非常稳定的。其中每个人每个季度都要给贝佐斯讲一个 PRICQ 的新的点子，而且不能是现有业务的改良，而这个团队的成员也会把任务目标分解，让下面的人提点子。

所以在这些管理者的头脑当中，他是被两个渠道驱使的，一个渠道是他的想法的渠道，另外一个渠道是对人才的渠道。用新的人才带来新的创意，用新的人才去实现新的创意，用新的创意去驱动整个组织向前发展。

亚马逊内部就是通过这两个渠道来解答这个问题的，通过项目的流转、人员的流转来缓解这个问题，贝佐斯并没有最终解决这个问题，因为管理做出来的本就是一个优先级的判断和决策。

（五）亚马逊小团队——"根据目的不同，构建两个'比萨'能喂饱的小团队"

典型的亚马逊团队中包括几名工程师、搭配一个产品经理和一个设计师。而亚马逊团队的构成体现了他们的两个理念，一个是团队大了任务自然能分拆，另一个是找对的人组团做专门的事。

亚马逊的团队有以下几个特点：

（1）人数少。常见的亚马逊团队规模是 4 ～ 14 人。

（2）功能闭环。要做出一个原型的话，需要方方面面的精英，所以团队中不会全是设计人员或开发人员。

（3）单线汇报。团队主管对负责的业务享有充分的话语权，团队成员可直接向他报告。

（4）关注点单一，分解为原始问题。团队思考的是那些最终极的最想解决的问题，把问题分解，做得纯粹。

团队这么小，怎么才能很好地解决挑战性较强的任务呢？其实，这需要有非常强大的底层技术平台，可以说技术是亚马逊创新的底层引擎。

贝佐斯秉持着以技术驱动的理念，认为几乎所有的问题都是技术问题。所以整个亚马逊会通过很多技术的手段去解决人性和管理中的问题，所有业务都在思考如何通过软件使客户体验更好，尽量去自动化地做事。其中 AWS 提供菜单式的微服务（Microservice），内外部客户都可以灵活调用，所以 AWS 能作为内部创新技术的"资源池"。

五、亚马逊营销策略

（一）亚马逊在谷歌投放的 PPC（按点击付费广告）极力提升广告相关性

要在 AdWords 上胜过竞争对手，搜索引擎 Google 的关键词竞价广告称为 AdWords，也称为"赞助商链接"，中文称"Google 右侧广告"。可以使用动态关键字插入、设置独特的卖点、与每个关键字匹配的着陆页面，即引导页面来设置具有针对性的广告。亚马逊使用模板化的标题和描述、动态关键字插入和动态生成的着陆页（引导页），将用户引导到按关键词的相关性程度排序的产品页面。

（二）前端亏本促销产品，从后端产生 4 倍以上的回本

截至 2016 年，Kindle 商店已拥有超过 460 万种畅销书，成为全球最大的电子书零售商，并且仍在增长。早在 2011 年，亚马逊增长最快的产品就是 Kindle 和相关的数字化内容，且在 2012 年时它在公司的利润占比就超过了 10%。现在，凭借 Kindle 和其生态下可供选择的大量电子书，亚马逊统治着国际电子书市场。

亚马逊将未来的购买计划设计成一个顺其自然的过程，在前端销售亏本促销产品就有可能在后端获得可观的可持续性收入。

用一次性的损失去卖出一款产品，并设计简单有效的计划让用户在未来持续性地采购，从而赚取更多利润。亚马逊在 Kindle 设备（前端）上估计有 5 亿多美元的损失，但在电子书、音乐、电影 / 电视节目、广告和应用程序（后端）上赚取了 20 多亿美元的利润。

在前端销售亏本促销产品并不是每个企业或产品的理想选择。但有两种情况非常适合这种策略。

（1）卖家的亏本促销产品需要客户未来续购才能正常使用（如使用剃须刀需要购买剃须刀片或使用打印机需要购买硒鼓）。

（2）卖家的目标是吸引新客户进入商店，卖家会认为这些客户会在体验产品后进行更多购买（例如，"黑色星期五"的销售吸引了许多新买家，低利润的牛奶和鸡蛋吸引人们进入商店，促使他们购买高利润商品）。

（三）利用慈善计划来回馈社会并且获利

慈善机构通过预制的网站 Banner 广告（网站页面的横幅广告）和社交帖子推广了商品；亚马逊通过在产品页面上弹出对话框的方式去推广这一慈善计划。

亚马逊成立的 Amazon Smile 基金会，目的是让客户可以在购物的同时做慈善。这样的慈善活动还有其他好处，比如：让顾客感到在亚马逊上的购买行为更有意义、鼓励更多的人从亚马逊购买产品、顾客以积极的态度看待亚马逊等。

（四）借助商品页面上的五大转化元素有效提高下单率

在亚马逊产品页面上，有五个提高下单率的营销策略，其中包括：社群证明、认知价值定价法、稀缺感与紧迫感、直接购买按钮、追加销售和交叉销售。

（1）社群证明。当顾客浏览商品时先看黄色的星星（评分）——表明喜欢（或不喜欢）该产品的人数。亚马逊把这个社群证明放在前面和中心位置。

（2）认知价值定价法。亚马逊删去原始价格、展示折扣价、强调订单超过 25 美元免费送货、提醒客户节省了多少美元和用百分比表明它的优惠性，似乎总是在低价出售商品。此外，亚马逊有复杂的动态定价策略，其价格经常波动。这样做是为了确保客户将亚马逊视为最实惠的购买平台。

（3）稀缺感与紧迫感。亚马逊通过紧迫感告诉买家他们如果希望货物在某个特定日期到达，就必须在一定时间内订购。这增加了人们在亚马逊购买的机会，而不是再去选择其他购买平台，因为如果购买得快，他们就可以得到明天就能到货的保证。

（4）直接购买按钮。为了避免购物车内的商品被舍弃，亚马逊建立了一套购物系统，让人们只需一次点击即可进行购物（在输入并保存结账之后，只需一次付款和填写运送信息）。这使得购买东西太便捷和快速了，所以客户没有时间重新考虑他们的购买行为。

（5）追加销售和交叉销售。亚马追加销售和交叉销售的方法主要有：个性化搜索（让顾客根据所购买的东西搜索相关商品）、捆绑优惠与"经常一起购买""与此相关的产品""买了这个的顾客还买了""产品比较图表""浏览此件商品的用户还浏览了""您最近浏览过的商品和重点推荐"等。

（五）凭借"短短 14 秒的产品视频广告"完成病毒营销

通过评论、论坛和社交媒体中的交流，研究客户的话语，想出一个转化超高的营销活动。亚马逊通过使用真实的 Echo 的评论，创造了超过 100 个短于 30 秒的视频短片，作为他们在电视和 Youtube 上进行的视频广告营销活动的一部分。

（六）轻便的"快闪商店"，根据客户所在位置准确地销售

尝试将一种新的销售渠道应用在电商业务中，以使产品呈现在目标顾客面前。（比如亚马逊通过快闪商店以及亚马逊卡车销售的其他尝试来实现）

到 2017 年年底，亚马逊已经在全美扩张设立了 100 多家快闪商店。这些商店是亚马逊设备（Echo、Fire TV、Fire Tablets 等）获得巨大成功的重要原因。

仅仅一项亚马逊产品——带有 Alexa 语音助手的 Echo 智能音响，就可以在 2020 年为亚马逊带来 100 亿美元的预估收益。人们可以使用 Alexa 来下单，开发人员用亚马逊网络服务（AWS）来支持 Alexa 上的应用程序。

快闪商店可以为亚马逊提升新产品的认知度、指导顾客、增加产品销售量、支持产品免费退换渠道。

（七）亚马逊 Prime 会员三个增加持续性收入的成功策略

亚马逊的 Prime 会员身份包含了多种服务的免费使用，否则人们每月要多支付 10 倍以上的费用。为了营销，他们把重点放在免费两天送达上，这是他们的一个关键卖点。

Amazon Prime 是一个很受欢迎的服务，它能提供给订阅用户各种特权，它还向亚马逊用户提供无限访问次数的流媒体服务（包括视频和音乐）、借阅 Kindle 书籍、储存照片和一些其他特权。

Amazon Prime 之所以成为一个盈利利器，不仅是因为其拥有海量的注册用户数量，而且 Prime 用户平均每年比非 Prime 用户能多产生 3 倍的消费金额。Amazon Prime 的成功可以大致归功于三个因素：

（1）聚焦于一个关键卖点，亚马逊很早就意识到了免费两日运达的卖点并聚焦于此。

（2）把注册选项放在醒目位置，通过把 30 天免费试用附加到新产品发售中，是 Prime 会员数量火速增长并让用户开始注册的一个关键点。

（3）使用有效的"先免费后付费"方式。当免费试用期满时，亚马逊采用 4 种方式让这些用户转而付费继续使用。一是提供免费的额外好处，致力于通过免费的两天送货和免费试用来吸引人们的注意力。二是在取消页面诉诸利益，并用降价销售最终挽留，用户卸载时候精心设计的询问让顾客再三思考。三是仅限会员的限时折扣。四是为普通客户制定免费运输的最低消费水平。

（八）在用户购买行为产生后进一步提高销量的五种电子邮件

采用亚马逊的五种电子邮件类型，以优化购物后用户的消费力转化，促使更多销售行为的产生。确保在每封电子邮件中加入自己独特的内容，以匹配自身品牌（亚马逊会在第一次购买、确认订单、订单配送、评论购买的产品和销售活动时发送电子邮件）。

（1）祝贺第一次购买的电子邮件，目的是建立信任，让客户消除购买后产生的一些疑虑，并开始与卖家接触。让卖家知道接下来还能做什么，比如告诉卖家折扣鼓励用户重复购买。

（2）订单确认电子邮件，目的是通过在确认邮件上"查看或管理订单"CTA（Call to Action 行为召唤）再次把用户带回到亚马逊的网站上。

（3）订单发货邮件，确认电子邮件中包含运送中产品的主要信息、发货地址和发货总数。然后，附带 CTA"追踪包裹"，把顾客带回一个追踪包裹的页面，推广其他产品。

（4）评价购买商品邮件，获得评论，同时让购物者回到亚马逊的网站。如果客户点击电子邮件中的一个星星，客户就会被带到产品页面，要求写一段文本评论。

（5）销售活动的电子邮件，做有明确截止时间的限时活动，在第一天发送"销售公告"邮件，在截止时间前的几个小时发送一封"最后的机会"电子邮件。

六、亚马逊发展新趋势

亚马逊在 2018 年取得了重大的进步，除了在"网络星期一"的促销活动中取得了新的销售纪录，还推出了多个自有品牌，在广告方面，广告位和品牌创意工具数量不断增加，受众定位功能也更强了。为了自我突破，进一步发展，亚马逊未来的布局也显得尤为重要。

谈及亚马逊未来的发展，行业专家们总结出了以下几个发展趋势：

（一）亚马逊品牌旗舰店（Amazon Stores）的扩张

2018 年，亚马逊未来不仅投资更新了亚马逊品牌旗舰店（Brand Stores）的许多功能，还增加了卖家和供应商的可用指标。因此，亚马逊推出单独的品牌商店搜索功能是有意义的，这样消费者可以更直接地访问一个品牌的亚马逊商店。

目前，亚马逊品牌旗舰店在客户接触方面仍旧存在较大问题。可以说，购物者现在进入亚马逊上的品牌旗舰店还多出于"偶然"，一般通过以下途径：第一，点击亚马逊 Sponsored Brands Ad 广告（原标题搜索广告 Headline Search Ad）直接进入品牌商店登陆页面；第二，通过点击一个产品详情页面中的品牌标志或名称；第三，通过现搜索引擎搜索；第四，通过点击品牌的文本广告，或者品牌在社交媒体网站中分享的商店链接等。

对此，数字营销机构 CPC Strategy 资深市场渠道分析师 Jen Acosta 表示，在目前的状态下，亚马逊必将对搜索功能进行优化，方便购物者直接进入品牌旗舰店，而且随着搜索功能的丰富，亚马逊商店卖家的成本或将提高。

"目前，亚马逊品牌旗舰店功能是免费的，但如果亚马逊更新其搜索功能，肯定会给品牌商店带来更多的增销机会，而亚马逊可能会借机要求卖家通过一次性投资来'升级'自己的店铺，或者要求卖家按月支付费用以使其店铺更容易被搜索和发现。"Jen Acosta 说。

（二）更多地关注供应商网络

虽然亚马逊在 2018 年将重点放在了其"混合动力"模式（亚马逊供应商卖家和第三方卖家共同发力）上，但为了获得更大的盈利，亚马逊将继续致力于其供应商网络的优化，亚马逊对于 Vendor Central（供应商中心）平台功能的加强。

One Vendor 将把亚马逊面向供应商卖家的 Vendor Central 和面向第三方卖家的 Seller Central（卖家中心）并为一体，使得大品牌自动以批发卖家的形式进入亚马逊。

从目前亚马逊与客户的沟通信息来看，One Vendor 将使亚马逊对品牌在哪里销售拥有控制权。亚马逊咨询公司 Hinge 的首席执行官兼创始人 Fred Killingsworth 表示："鉴于亚马逊在品牌权威和对未获得品牌授权卖家的控制上存在大量问题，通过 One Vendor，亚马逊将能够更好地应对相关问题带来的调整，并消除假冒品牌产品。"

（三）亚马逊扩大实体存在

从互联网起家的亚马逊，在过去的一年里，通过亚马逊书店（Amazon Bookstore）和"亚马逊四星商店"（Amazon 4-Star）正迅速向实体零售市场扩张。

CPC Strategy 的高级市场渠道分析师 Tanya Zadoorian 说："2017 年亚马逊收购了全食超市（Whole Foods），这使亚马逊拥有空间来了解和测试与运营一站式商店相关的策略。亚马逊布局实体零售已经成为一个既定的事实，问题在于亚马逊的布局速度到底会有多快，是否会与 Target 或沃尔玛一样，甚至更快。"

（四）融入更多社交媒体"基因"的亚马逊

亚马逊将继续推动社交媒体与电商之间的"融合"，该工具将以类似瀑布流的方式向亚马逊消费者展示产品图片，并根据消费者对商品图片的喜好来个性化推荐产品。但是亚马逊产品开发数据分析工具 Jungle Scout 的首席执行官 Greg Mercer 表示，这给亚马逊卖家带来机会的同时，也对亚马逊卖家提出了更高的要求。亚马逊卖家需投入更多的精力研究趋势关键词，了解用户搜索，以便对产品 Listing 进行更深层次的优化（包括产品图片、标题、关键词、产品特征等），从而更好地适应亚马逊在视觉购物方面的变革。

（五）持续利用其强大的用户数据优势

亚马逊拥有 100 多家实体店和遍布全球的零售网络，这使亚马逊拥有了庞大的用户数据，它将利用这些数据找到新的方式，为消费者提供更符合其期望的服务和产品。亚马逊在纽约、科罗拉多和加利福尼亚新开的"亚马逊四星商店"就是这样做的。

此外，电商新闻网站 Retail Minded 创始人 Nicole Leinback Reyhle 还表示，亚马逊将会利用其数据使亚马逊上的退货流程焕然一新，但具体会如何运作还有待观察，"我的猜测是，这将改变我们对处理网购退货的一切认知。"

（六）加速广告功能的更新和多样化

2018 年第 4 季度，亚马逊平台在广告方面的更新非常频繁，增加了额外赞助品牌（Sponsored Brand）广告位，推出了产品定位功能（Product Attribute Targeting），加强了商品推广（Sponsored Products，简写 SP）广告的自动定位功能，SP 广告也取代了产品详情页面的产品展示广告。另外还推出了 SP 广告的再营销功能，以及对 Amazon DSP 平台进行了重组，视频及商店功能的更新等等。

　　CPC Strategy 的市场策略主管 Pat Petriello 表示，这仅仅是亚马逊努力打造强大广告平台的开始。亚马逊将从受众定位、受众细分、定制商品、移动端优化、吸引亚马逊以外客户访问等方面入手，继续丰富其为品牌、卖家提供的广告功能。那些能够适应、并迅速采用亚马逊所提供的增强性功能的品牌将从中获益，而反应较慢的则将继续挣扎在如何保持平台、产品、客户之间的相关性上。

　　"亚马逊平台上的 PPC（Pay Per Click，点击付费）广告将为品牌提供大量的竞价修改机会，包括但不限于设备、地理位置、时间和行为。"Franklin Sports 的电商分析和数字营销总监 Scott Kennedy 说。

（七）对美容行业的野心

　　美国专业彩妆品牌 Laura Geller 的电商和数字业务副总裁 Pamela Hemz 指出，亚马逊是美国最大的美容产品在线零售商，拥有超过 36% 的市场份额，但到目前为止，亚马逊并没有如其在时尚市场、家居用品市场和食品市场那样，在美容市场采取大动作（收购公司或推出新品牌）。Pamela Hemz 预计，亚马逊或许会针对美容市场推出一个强大的客户忠诚项目。

（八）尽管市场竞争日益激烈，但亚马逊的主导地位仍无法撼动

　　随着电商市场的发展，Google Shopping Actions 这类新平台将不断推出、壮大，来与亚马逊竞争市场份额。其他大型商场也将逐步形成和推出自己的平台，丰富客户的购物体验。但Skubana（电商运营一体化解决方案提供商）的首席执行官 Chad Rubin 表示，亚马逊将继续其市场主导地位，占有的市场份额也将继续上升，预计将产生美国电商市场 60% 的交易额。

　　对于卖家来说，需做好准备，紧跟市场变化，随时做好迎接变化的准备，才能在竞争日益激烈的市场中生存下去。

启发性思考题 《《

1. 贝佐斯将公司改名为亚马逊，寄予了怎样的希望？
2. 亚马逊公司的管理模式为公司带来了怎样的经济效益？
3. 亚马逊公司业务都有哪些？
4. 登录并注册亚马逊平台，熟悉网站操作流程和平台规则。
5. 亚马逊要想在中国与网易考拉、天猫国际、小红书等知名跨境电商网站相抗衡，应当怎样做才能更适合中国市场？

案例九

eBay

一、eBay 简介

（一）eBay 介绍

eBay（中文电子湾、亿贝、易贝）是全球化的电商平台之一，是可以让全球民众在网上购买物品的线上拍卖及购物网站。eBay 在中国把"e"解释为"易"，Bay 解释为"购买"，组合起来是容易购买，就是让消费者购物更加容易。eBay 于 1995 年 9 月 4 日由 Pierre Omidyar（皮埃尔·奥米迪亚）以 Auctionweb 的名称创立于美国加利福尼亚州圣荷西。Auctionweb 是 eBay 的前身。eBay 的创立最初是为了帮助创始人奥米迪亚的未婚妻交换皮礼士糖果盒。现任 CEO 是德文·韦尼希（Devin Wenig）。eBay 标志见图 9-1。

图 9-1　eBay 标志

人们可以在 eBay 上通过网络出售商品。向每笔拍卖收取刊登费（0.25 ～ 800 美元不等）；向每笔已成交的拍卖再收取一笔成交费（成交价的 7% ～ 13% 不等）。

eBay 对卖家的要求严格，对产品质量要求较高，但同样要求价格具有优势，即产品质量要有保证，价格也要有优势，除了和其他平台一样出售常规产品外，eBay 平台还提供二手货的交易服务。

eBay 平台的交易遍布全球各地，并在全球 38 个国家和地区设有站点，包括澳大利亚、加拿大、法国、德国、印度、日本、韩国等。

（二）eBay 发展历程重大事件

1995 年 9 月，eBay 成立。

1998 年 9 月，eBay 在纳斯达克成功上市。

1999 年，eBay 开始全球扩张，首个海外站点是德国站。

2002 年 6 月，eBay 合并了 PayPal，PayPal 是目前全球最大的在线支付提供商。

2003 年 7 月，eBay 合并了中国电子商务公司 EachNet（中文名称易趣），并推出联名拍卖网站 "eBay 易趣"。

2015 年 7 月，eBay 和 PayPal 正式拆分，eBay 继续与 PayPal 合作处理退款、逾期欠款和资金冻结等业务，必要时指示和建议 PayPal 向用户的账户采取适当行动。

2016 年 5 月，eBay 宣布收购 Expertmaker，Expertmaker 是一家使用机器学习进行大数据分析的瑞典企业；eBay 和澳大利亚零售商 Myer 共同推出第一虚拟现实百货商店。

2018 年 6 月，eBay 和中东 Noon 签署合作协议，从 2018 年下半年开始，中东北非地区的用户可以在 Noon 上直接下单购买 eBay 上的商品，Noon 将会完成该商品的支付和配送。同时，Noon 的应用程序和网页都会和 eBay 对接，通过 Noon 下单购买的 eBay 商品，可以方便地通过 Noon 完成退款和退货。除此之外，Noon 和 eBay 还将探讨在市场营销、技术等方面的合作机会，帮助实现该地区电商的快速发展。

Noon 的最大竞争对手是亚马逊旗下的 Souq.com，在 2017 年 12 月，Souq.com 上线了亚马逊全球商店，Souq 的用户可以直接购买美国亚马逊网站上的商品。

二、eBay 运营模式

eBay 拥有 3.8 亿海外买家客户资源，范围覆盖欧美发达国家消费市场和新兴经济体市场，为中国出口企业、商家提供出口电商网上零售服务，将中国制造销往世界各地。

借助 eBay 全球平台，中国卖家可以打造自有品牌，提升产品在世界范围内的可信度，同时 eBay 为买卖双方省去中间环节，帮助卖家降低运营成本，创造价格优势。

eBay 不仅能为卖家和消费者提供交易平台等基础服务，同时还积极布局出口电商 "产业链" 服务，为卖家提供多项服务。

（一）全面的销售服务指导

eBay 平台为入驻卖家提供 "售前准备、刊登物品、售出并发货" 全套服务指导，包括跨境交易认证、业务咨询、疑难解答、外贸专场培训及电话培训、外贸论坛热线、洽谈物流优惠等，帮助卖家全面理解 eBay 的销售政策，迅速熟悉平台操作和销售模式。

（二）完善的配套服务

eBay 与其合作伙伴共同为卖家提供完善的配套服务，包括物流、仓储、融资和翻译等各个环节。

（1）物流方面。eBay 与第三方物流合作推出国际 e 邮宝（ePacket）货运服务，为中美贸易中的中国卖家服务。

（2）仓储方面。eBay 推出美国、英国、澳大利亚、德国等地的海外仓服务。

（3）融资方面。eBay 联合中国平安推出实用的融资方案，为 eBay 优质卖家提供无抵押、无担保的信用贷款服务。

（4）翻译方面。eBay 在 2014 年 6 月推出 App Teck 机器翻译技术，提高了 eBay 的翻译水平，帮助交易双方克服语言障碍，为中国卖家的跨境交易提供了更多方便。

（三）外贸培训

eBay 平台设有外贸大学，数百家优秀外贸企业在此分享成功经验。此外，外贸大学推出了有针对性的各类专题课程供各位卖家学习，帮助卖家解决跨境贸易中遇到的各类问题。

（四）及时的动态信息

eBay 利用大数据分析技术对市场进行深入了解和分析，为卖家提供全球市场动态信息，让各位卖家及时了解国际市场动态，准确把握市场商机。

（五）卖家保护政策

eBay 推出卖家保护政策，并从保护政策的有效执行、卖家质量评估监督、发展中市场的多重卖家保护等多方面入手，不断强化对卖家的保护和支持。

（六）高质量的本地服务

在本地服务上，eBay 拥有客户经理和客户服务团队，为卖家提供包括业务咨询、市场分析等一系列增值服务在内的高质量服务，为卖家业务的快速发展提供强大助力。

三、eBay 平台规则

（一）注册规则

第一，企业注册 eBay 需满足以下条件：

（1）合法登记的企业用户，并且能提供 eBay 要求的所有相关文件。

（2）须注册为商业账户。

（3）每一个卖家只能申请一个企业入驻通道账户。

（4）申请账号需通过 eBay 卖家账号认证且连接到已认证的 PayPal 账号。

而个人卖家只需注册并认证一个 eBay 账号，即可在全球开启销售之旅。

第二，使用 hotmail、gmail、163 等国际通用的邮箱作为注册邮箱，以确保顺利接收来自 eBay 及海外买家的邮件。

第三，准备一张双币信用卡（VISA、MasterCard），信用卡需开通网上银行以方便日后操作。

第四，最好在跨国认证之后，再进行销售。跨国认证需要的资料有身份证资料、个人近照、地址证明资料（地址证明要和注册地址一致）。

（二）发布规则

1. 刊登规则

正确描述欲刊登的物品信息不仅可以提高成交率，也可避免卖家交易过后因物品描述不符而产生不必要的交易纠纷，不正确的刊登描述会扰乱 eBay 的市场交易秩序。刊登描述不当会导致违规商品被删除、账户受限，严重者账户会被冻结，在刊登物品时，卖家应特别注意以下规则。

（1）选择正确的物品分类。物品必须刊登在正确的类别中，如出售物品存在多级子分类，需将物品刊登在相对应的分类中。

（2）正确设置物品所在地。卖家必须在物品所在地址栏如实填写物品寄出地点，一般情况下物品所在地需与账户信息相符，如果物品所在地在外地或其他国家，则务必在刊登时选择真实的所在地（不能仅在物品描述中做声明），避免日后不必要的交易纠纷；需特别注意运费的设置要与物品所在地相匹配；若账户信息为中国，物品所在地为美国，但物品被一个美国卖家拍下，那么运费价格需与美国当地运费相匹配，而不能设置为中国到美国的运费。

（3）使用符合 eBay 标准的链接。在 eBay 刊登物品时，可以在物品描述中使用一些链接来帮助促销物品。但是，有些类型的链接是不允许的。例如，不能连接到个人或商业网站。本链接政策适用于一切可以将用户引导到 eBay 之外的文字或图片（如照片、商标、图标），任何链接均不能指向 eBay 以外含物品销售信息的页面。

（4）物品图片标准。高品质的图片能给买家提供更好的购物体验，使物品更容易出售，因此 eBay 对物品图片刊登有一套详细标准。

1）所有物品刊登必须至少包含一张图片，图片的最长边不得低于 500 像素（建议高于 800 像素）。

2）图片不得包含任何边框、文字或插图。

3）二手物品刊登不得使用 eBay catalog 图片。

4）尊重知识产权，不得盗用他人的图片及描述。

2. 预售刊登规则

预售刊登是指卖方刊登那些他们在刊登时未拥有的物品。此类刊登的物品，通常在对大众的交货日期前就已预先出售。卖方需保证自物品购买之日（即刊登结束之日或 eBay 店面购买刊登物品之日）起 30 天之内可以送货，eBay 允许其有限制地刊登预售物品。

3. 编码规则

eBay 禁止会员在刊登物品中使用以下几种特定类型的 html 和 java script 编码文字功能。违反此刊登规则会导致在线商品被删除，多次违规会导致账户受限，严重者账户将被冻结。建议用户在刊登商品前先咨询刊登物品平台客服，以避免不必要的违规。

（三）交易规则

1. 知识产权违规（商标权、著作权、专利权）

知识产权违规政策包括复制品、赝品和未经授权的复制品政策，刊登物品时描述物品的规则和举报用户违反知识产权保护条款。比如，卖家未经授权卖了别的品牌的产品或者仿品，刊登物品时使用了别人店铺的描述或者图片，这些行为都会被认定为知识产权违规。

2. 交易行为违规

交易行为违规包括卖家自我抬价、产权侵犯和成交不卖。

自我抬价指的是人为地抬高物品价格，也就是卖家在竞拍的过程中，通过注册或操纵其他用户名虚假出价，或者是由卖家本人或与卖家有关联的人进行，从而达到将价格抬高的目的。

成交不卖指的是收取了买家的货款但是一直不发货给买家，所以卖家在平时一定要注意对库存的把控，超卖之后要及时联系买家进行沟通。

3. 用户沟通违规

此项包括使用不雅言辞、未经允许滥发邮件（垃圾邮件）和滥用 eBay 联系功能。如果卖家在和买家的沟通过程中言语粗鄙，频发邮件，那么会被认为是用户沟通违规。当然，如果买家在写评价的时候言语粗鄙也会被 eBay 隐藏掉。

（四）放款规则

eBay 新卖家所收到的款项都被 PayPal 暂时冻结，提示冻结至买家留好评或者 21 天后。21 天是最长时间，并且可以帮助买卖双方的交易实现完整。比如，当交易出现问题时能够确保账户里面有足够的余额进行退款或者补偿。如果交易没有问题，那么会在 21 天之内解除资金冻结状态。因此，卖家要在第一时间将快递单号添加到自己的后台物流系统里，然后标记"已发货"，PayPal 会根据提供的快递单号和日期来预计货物送达日期并据情况进行解冻处理；刚注册的账户，如果还没有进行 PayPal 认证，建议立即进行账户认证，这将有助于账户安全，增加 PayPal 信任；同时卖家在发货的第一时间应当与付款方及时沟通，避免买家提出争议、投诉，并保存发货快递单据。

如果出现下列任一情况，PayPal 可能会提前放款：

（1）卖家在交易中标记已发货并上传追踪号后，国内交易 7 天后释放，跨国交易 14 天后释放。

（2）买家在账户表示已收货，款项会自动释放（这里包括买家给卖家留好评、或者买家给 PayPal 发邮件告知已收到货）。

（五）评价规则

1. 评价管理

多数买家购买后会给卖家留下中肯的评价，如果买家留下的是好评，那么卖家可通过回复评价对买家表示感谢；如果买家留下的是中差评，卖家可通过回复评价解释并提供买家相应的解决方案，问题解决后提出修改评价的要求。

2. 新卖家表现指标

2016 年 2 月 20 日起实行新的卖家表现指标，新的卖家不良交易率将以"卖家取消交易"和"卖家未处理而结束的纠纷"为衡量指标，而不会再考核卖家的"买家信用评价""卖家服务评级""已与买家圆满解决的退货请求"和"已与买家圆满解决的物品未收到请求"等标准。此前，有卖家反馈需要更方便管理且不以意见评论为本的卖家表现衡量标准，而这次 eBay 的改动主要是想减少不可控因素对卖家表现评价的影响。因此，新版卖家标准将仅关注买家最在意的两件事情，即准时收到所购物品以及能够有效解决任何紧急请求纠纷的服务。

3. 新准时运送指标

除此之外，eBay 新的准时运送指标也是尽量根据卖家的可控因素确定的，只要卖家能提供的追踪信息中包含可证实物品已于约定处理时间内发的"收件扫描"或者物品已于预计送达期内送达的"送达扫描",便可得到准时运送认可。即使没有上述两个可用的追踪信息,eBay 也会在买家留下信用评价时发起"物品是否在预计送达期内送达"的确认选项,只要买家确认物流在预计送达期内送达,卖家就能得到准时运送认可。实行新政后,eBay"优秀评级卖家"的不良交易率上限从 2% 大幅降至 0.5%。

(六)售后规则

1. 新退货政策

2018 年 8 月 1 日起,如果 eBay 发现退货产品已交付给卖家,并且已过去两个工作日,那么 eBay 会将退款退给买家。买家的退款一旦被返还,eBay 将会自动关闭退款请求,以保护卖家不被进一步索要退款,并保护他们的指标免受不必要的影响。

2. 换货服务

卖家可以给买家提供"换货"选择,而不是全额退款。卖家需在退货政策中标明该服务,或在买家要求退款时提及此项服务。卖家可以在 My eBay 和卖家中心定制退货参数,自动同意换货请求,加快换货流程(退货和退款要求除外)。

提供换货服务,可以帮助卖家改善售后体验,减少不必要的纠纷,迅速解决问题,进而提高客户的忠诚度。

四、eBay 盈利模式

(一)C2C 运营模式

eBay 作为一家全球用户网上交易平台,开创了 C2C 的模式,即消费者对消费者的商业模式。在 eBay 上,用户可以作为买家也可以作为卖家,eBay 可以跨国、跨地区为用户提供线上交易服务,eBay 同时提供双方交流的平台。和传统营销模式不同,eBay 不直接参与交易,而是给买方和卖方提供一个平台,为客户提供商务信息或增值服务。通过这个平台,买家和卖家可以获得各自需要的信息流,而 eBay 就通过出售这样的信息流获利,积少成多,越来越多的企业和个人都进入 eBay 寻找信息,所以 eBay 也获得了丰厚的利润。

(二)销售方式

eBay 为卖家提供了三种刊登物品方式:拍卖、一口价、拍卖 + 一口价。卖家可以根据自己的需要和实际情况来选择物品刊登方式，走出低成本、高收益销售的第一步。

1. 拍卖

（1）定义。

拍卖，即通过竞拍的方式进行销售，价高者得，这是 eBay 卖家常用的消费方式。卖家设置商品的起拍价格和上线时间，对商品进行拍卖，商品下线时出价最高的买家就是该商品的中标者，商品即可以中标价格卖出。

采取这种方式销售物品，需要根据自己设定的起拍价缴纳一定比例的刊登费，此外，根据物品最后的成交价格还需要缴纳一定比率的成交费。

（2）优势。

为商品设置较低的起拍价，能够很好地激起买家踊跃竞拍的兴趣，通过连番竞拍也可以为卖家带来不错的利润。此外，拍卖的销售方式还可以增加商品的搜索权重，在商品的搜索排序中，即将结束拍卖物品可以在"即将结束 /Ending Soonest"的商品搜索排序中获得较靠前的排名。

（3）适宜选择的情况。

1）自己无法确定物品的价格，但又希望能够将物品快速售出。

2）所售的产品非常独特、平时难以买到，且市场上对该物品存在需求，能引起买家们的竞争。

3）在售的商品有较高的成交率，通常在物品刊登后就能卖出去。

4）在 eBay 上进行物品销售，但在最近时间内没有成交，可以借拍卖方式让商品在按照"即将结束的物品"排序时提高商品搜索排名。

2. 一口价

（1）定义。

一口价方式是以定价的方式来刊登物品，这种销售方式能够方便买家非常快捷地购得商品。

（2）优势。

1）成交费用低。买家可以根据自己为物品多设定的价格支付刊登费，物品成交后缴纳较低比率的成交费。

2）议价功能。可以免费为物品设置议价功能，若物品最后的成交价是讲价后的价格，则按照成交金额支付一定的成交费。

3）物品展现时间长。可设置物品的在线时间最长可达 30 天，这样能保证商品可以得到充分展示。

4）一次性刊登。物品数量较多时采用"多数量物品刊登"方式，一次性即可完成销售刊登，操作简单、快捷。

5）操作省时省力。店铺中热卖的库存商品采取定价方式刊登时，可以使用预先设置好的物品说明和物品描述，进而使物品刊登省时省力。

（3）适宜选择的情况。

1）自己非常清楚所售物品的价值，或者自身对物品的价值有清晰的预估，希望能从物品上获得相应的价值。

2）希望自己的商品能获得更长时间的展示，以供买家购买。

3）销售的物品有多件，此时可以采取多数量刊登的方式将所有物品整合到一次刊登中。

4）销售物品库存较多，不想花费太多的刊登费。

3. 拍卖 + 一口价

所谓"拍卖 + 一口价"方式综合刊登，就是卖家在销售商品时选择拍卖方式，设置最低起拍价的同时，再根据自己对物品价值的评判设置一个满意的"保底价"，也就是一口价。这种"拍卖 + 一口价"的方式能够同时综合拍卖方式和一口价方式的所有优势，能让买家根据自身需要和情况灵活地选择购买方式，更能为卖家带来更多的商机。当卖家遇到以下两种情况时，可以考虑选择"拍卖 + 一口价"的方式：

（1）销售物品种类较多，想要尽可能地吸引更多不同需求的买家。

（2）希望提升销量，扩大买家对库存商品的需求，通过"拍卖 + 一口价"的方式让更多的买家了解自己的店铺和其他销售物品。

（三）盈利模式

卖家在 eBay 上开店铺、刊登物品进行销售并不是免费的，而是需要支付一定的手续费。eBay 平台的手续费主要包括五个部分（见图 9-2）。

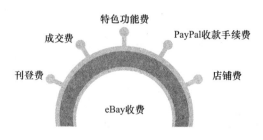

图 9-2　eBay 收费构成

刊登费是指非店铺卖家在 eBay 站点刊登物品进行销售需要缴付一定比例的刊登费，无论物品是否售出，只要刊登就要支付刊登费。根据所选刊登方式或物品所属的目录的不同，刊登费也会有所区别。

成交费是指物品成功售出后，需要按照成交价的一定比例缴付相应的费用，物品未售出则无须缴付。

特色功能费是指为物品添加一些特殊功能所要缴付的费用。特色功能取决于卖家是否选择使用。

PayPal 收款手续费单独通过 PayPal 来收取。

店铺费是针对在 eBay 站点开设店铺的卖家来收取的店铺月租费，不同站点、不同店铺登记收费均不相同。

以上这些收费都是指在注册完成后，选择哪个站点刊登产品的收费标准，与在哪个国家站点注册无关。当然，选择的刊登站点不同，收费标准也不相同。

（四）eBay 信息流运作模式

eBay 提供了"站内信"的功能，卖家能够轻松管理买家的电子邮件，与买家进行沟通。

（五）物流运作模式

国际 e 邮宝为 eBay 中国的寄件人提供发向美国等国家的包裹寄递服务。此外，2014 年 eBay 与万邑通签署了战略合作协议，万邑通以海外仓为基础，依靠大数据，为 eBay 卖家提供海外仓管理和"最后一公里"派送服务。

（六）资金流运作模式

2018 年 7 月 25 日，eBay 终止与长期支付伙伴 PayPal 的合作，宣布与后者的竞争对手苹果和 Square 达成新的伙伴关系。开始接受苹果支付，并通过与 Square 的新协议，为用户提供高达 10 万美元的商业贷款。eBay 与 Square 的合作标志着 Square 获得了向 eBay 数以百万计卖家提供商业贷款的巨大机会。

Square 是美国一家移动支付公司。其创始人是 Jack Dorsey（杰克·多尔西）。Square 用户（消费者或商家）利用 Square 提供的移动读卡器，配合智能手机使用，可以在任何 3G 或 WiFi 网络状态下，通过应用程序匹配刷卡消费，它使得消费者、商家可以在任何地方进行付款和收款，并保存相应的消费信息，从而大大降低了刷卡消费支付的技术门槛和硬件需求。

五、eBay 发展趋势

（一）eBay 全力发展图片搜索功能

2017 年 eBay 推出两个 AI 支持的视觉搜索工具，分别是 "Find It on eBay" 和 "Image Search"，"Find It on eBay" 允许消费者用社交媒体网站上的图片进行搜索。用户只需把图片分享到 eBay App，就可以查看一系列类似图片的产品 Listing。Image Search 将视觉搜索带到了现实世界，允许消费者随意拍照，然后在 eBay 搜索类似图片的产品。

eBay 现在正努力改善其搜索能力，视觉搜索将极大加快这一进程。鉴于 eBay 已经积累了 10 亿以上的产品 Listing，支持视觉搜索的 App 能让购物者更快找到想要的产品。虽然平台已经为产品展示制定了标准条例，也进行产品分类来方便人们搜索。但有时候，人们可能并不知道产品名字，也很难用语言描述来找到产品。视觉搜索解决了这个痛点，能为消费者带来更棒的购物体验。

此外，eBay 抢先采用该科技，能从其他没有提供视觉搜索的零售商那里抢走很多客户。零售商如尼曼和丝芙兰，也因提供视觉搜索受益匪浅。但是，这项技术目前还并没有在零售行业普及开来——仅 8% 的零售商采用视觉搜索，68% 的零售商表示不打算使用它。因此，eBay 也许能凭借该技术保持竞争优势，推动销售额的极大增长。

AI 科技能为消费者提供个性化购物体验，给零售商带来巨大的附加价值。该科技能让电商网站给购物者推荐不同的产品，让购物者用方便的语言或图片搜索产品。

（二）eBay 将开始征收销售税，与其全新支付方案有关

eBay 通知卖家将开始对销往华盛顿州、宾夕法尼亚州和俄克拉荷马州这三个州的订单征收销售税。

此前，eBay 并没有解释为什么没有根据《电商平台促进法》（Marketplace Facilitator Laws）的要求对这些州的订单征收销售税，据悉，这可能与 eBay 的收款机制有关。eBay 买家购买产品付款时是付款给卖家，而不像亚马逊和 Etsy 买家付款给平台。但现在，随着 eBay 全新支付方案的推出，这种情况正在发生改变。

eBay 表示，卖家不能选择不向华盛顿州、宾夕法尼亚州和俄克拉荷马州的消费者出售商品，也不能拒绝平台直接向来自这些州的订单征收销售税。事实上，许多小卖家是愿意由平台代表它们处理销售税相关问题的，特别是仅在平台上销售的卖家。

此外，eBay 还宣布将与 Avalara 和 Tax Jar 合作，为卖家提供销售税服务。

（三）eBay 运营大会

2018 年 12 月 14 日下午，eBay 运营大会在厦门隆重开幕，eBay 国际跨境贸易事业部中国区总经理郑长青、厦门市跨境电子商务协会会长陈志铁、好海淘公司创始人王成华等诸多"大咖""大卖"重磅现身，为现场卖家带来前沿的市场趋势、平台政策和品类解析。

1. 德国将是 eBay 的重点市场，两大"计划"赋能中国卖家

从 1995 年成立至今，eBay 到目前已拥有全球 30 多个国际站点、覆盖 190 个国家和地区，含 14100 名员工。2017 年的交易总额为 884 亿美元，其中 60% 为跨境业务的交易额，大多数为中国卖家贡献。eBay 大中华区商务拓展经理 Sharon Li 介绍道，eBay 早期虽为拍卖起家，但平台仍有 80% 的商品属全新且未使用，超 11 亿个在线刊登的 Listing。在这众多的品类当中，电子销量位居榜首，其余依次为时尚、家具园艺、汽配和工业与商业用品。

从目前的 30 多个站点来看，eBay 更专注于美国、德国、英国、澳大利亚和加拿大，其中德国站点为重中之重。德国拥有 8000 万的人口，全球第四的 GDP，消费者对价格不敏感，由这些现状可推测该国消费者强大的购买力。Sharon Li 透露，德国将是 eBay 的重点市场，eBay 也会对接给中国卖家更多的资源。

Sharon Li 表示，品牌所带来的价值即为未来卖家的红利，打造品牌刻不容缓。为此，明年 eBay 将从流量、PVP 广告等渠道帮助卖家打造"爆款"，获得更多的曝光机会，提高品牌溢价。另一方面，在百万卖家成长计划当中，卖家将享受到专属的客户服务、资金补贴以及 Deals 资源。

2. 家具、户外两大品类中国卖家市场空间大

"家用电器是 eBay 家居类目的子类，DIY、家具、园艺紧随其后。在这些类目里面，中国卖家仍有非常巨大的成长空间。"eBay 商务拓展经理 Roy Li 解释道，在 2018 年的前三季度里，eBay 美国、德国、英国、澳大利亚的四大站点中，家电、家具、园艺、DIY 这四大子类目的涨幅迅猛，但中国卖家的渗透率较低。

在未来的市场中，智能家居将是一大趋势。据其表示，全球智能家具市场预计于 2022 年达到 534.5 亿美元，涵盖室内外超过 50 种产品，包括安保系统、家电系统等。但目前中国卖家对美国、英国市场拓展较多，因此欧洲大陆国家，尤其德国、意大利潜力巨大。除此之外，宝石蓝和暖色橘将是火热的色调，Conversation Pit 和客厅 Bar 设计也是潮流趋势。

除家具之外，户外品类也是平台上的"常青树"。"由于运动人口的不断增加、民众对体育

赛事关注度的提高、科技化运动产品提升民众的兴趣以及运动旅游之风的盛行让全球体育用品的销售逐年上涨。"eBay 商务拓展经理 Vance Xu 分析道。目前来看，eBay 户外运动品类销售前三名的为单车、帐篷以及室内健身器材，英国和德国站点有很大的商机。

在这些品类当中，卖家们需要注意的是其销售高峰期一般在什么时候，如单车用品为每年的第二、三季度，健身用品则是在第四季度。Vance Xu 也推荐卖家可关注单车、健身用品、露营及远足、户外带轮产品这四大产品。对于 eBay 高潜力分类下的产业带产品，eBay 也将进行扶持，帮助产业带走向海外市场。

3. eBay 扶持政策

eBay 大中华区客户经理给现场卖家带来四大扶持政策，包括企业的快速成长通道、平台官方的培训、海外市场的推广以及 12 ～ 18 个月的保驾护航。其中，海外市场推广和流量扶持包括促销活动推送扶持项目和品牌智造"千帆计划"。

从产品到平台再到打造生态圈，eBay 将带动产品流量，帮助卖家迅速打造爆款；带动店铺流量，帮助卖家快速起步成长；带动卖家"出海"，帮助提升买家体验。

启发性思考题 《

1. eBay 运营模式给企业带来了哪些效益？
2. eBay 的三种特色卖货方式是什么？
3. 注册并登录 eBay 网站，熟悉网站操作流程和平台规则。
4. eBay 品类、行业趋势是什么？

案例十
Wish

一、Wish 平台简介

（一）Wish 介绍

Wish 是北美和欧洲最大的移动跨境电商综合平台，中文意思可以翻译成"希望"。这一平台中有 90% 的卖家来自中国，是一家位于硅谷的高科技独角兽公司。它使用一种优化算法大规模获取数据，并快速了解如何为每个客户提供最相关的商品，让消费者在移动端便捷购物的同时享受购物的乐趣，被评为硅谷最佳创新平台和欧美最受欢迎的购物类 App。Wish 旗下共拥有 6 个垂直的 App：Wish，提供多种的产品类别；Geek，主要提供高科技设备；Mama，主要提供孕妇和婴幼儿用品；Cute，专注于美容产品、化妆品、配饰和衣服；Home，提供各种家居配件；Wish for Merchants，专门为卖方设计的移动 App。

Wish 标志见图 10-1。

图 10-1　Wish 标志

（二）Wish 发展历史

Wish 集团于 2011 年成立于美国加州高科技事业云集的硅谷地带。公司的创始人是来自于谷歌和雅虎的顶尖工程师，出生在欧洲的 Peter Szulczewski（彼得·斯祖尔切夫斯基，公司 CEO）和来自广州的 Danny Zhang（张晟）奠定了集团强有力的基础和技术核心。

Peter 和 Danny 两人曾是室友，一起求学于加拿大滑铁卢大学的电子计算机系。毕业后 Peter 曾在谷歌、微软等名企工作，参与开发了 Google Adwords/AdSense 等经典产品；Danny Zhang 则先后在雅虎担任技术组长，在 AT&T Interactive 担任工程主管。两位技术"大牛"一开始打造的 Wish 仅通过系统抓取及用户上传内容，利用算法系统来向用户推荐商品图片。两人后来发现，用户在看到自己喜欢的商品图片后，非常希望拥有这个商品。于是 2013 年 3 月，Wish

加入了商品交易功能。这一改变，让 Wish 踏入了电子商务领域。

（三）Wish 平台特点

（1）Wish 平台针对不同顾客，推送个性化的商品信息。平台注重用户的购物体验，具有更多的娱乐感和用户黏性，呈现给用户的商品大都是用户关注的、喜欢的，每一个用户看到的商品信息是不一样的，同一用户在不同时间看到的商品信息也不一样。

（2）Wish 平台不依附于其他购物网站，本身就能直接实现闭环的商品交易，在 Wish 平台上，用户在浏览到喜欢的商品图片后，可以直接在站内购买。Wish 淡化了品类的浏览和搜索，去掉了促销功能，专注于关联推荐。Wish 会随时跟踪用户的浏览轨迹以及使用习惯，以了解用户的偏好，进而再推荐相应的商品给用户。

（3）Wish 最大的特点就是专注于移动端购物。在 Wish 平台，98% 的流量和 95% 的订单都来自移动端。我们正处于从 PC 端到移动端"迁徙"的时代。然而，能够摆脱传统互联网思维束缚，完全专注于移动端发展的平台少之又少。亚马逊、eBay、全球速卖通都在大力推广移动端 App，但这些移动应用都基本沿用了 PC 时代的思维，最多就是在交互设计方面进行了屏幕适应性调整。而 Wish 采取基于搜索引擎的匹配技术，即通过用户行为判断用户偏好，并通过数学算法，将用户和商家、商品进行准确的匹配，每天给用户推送其可能感兴趣的商品和商家。Wish 秉持"让手机购物更加高效和愉悦"的原则，每屏只推送 4 ~ 6 件商品，并且以"瀑布流"的形式展示。

二、Wish 平台规则

（一）注册规则

（1）商家资质要求。Wish 的商家可以是生产者、品牌所有者、零售商、手工艺者、发明者或者艺术家等。商家必须自己创造、生产或拥有批发或零售的权利才能进行商品销售。每位商家都必须遵守法律法规，所出售的商品、店铺内容以及一些限运商品等必须符合法律标准。

（2）账户要求。注册期间提供的信息必须真实准确；如果注册期间提供的账户信息不准确，则账户可能会被暂停。每个实体只能有一个账户，如果公司或个人有多个账户，则多个账户都有可能被暂停。

（3）自 2018 年 10 月 1 日开始，Wish 新注册的店铺须缴纳 2000 美元的店铺预缴注册费。这项新政策旨在确保新注册商户账户能为用户提供最优质的产品和服务。新政策适用于 2018 年 10

月 1 日以后完成注册流程的所有商户账户。同时，2018 年 10 月 1 日起，非活跃商户账户也将被要求缴纳 2000 美元的店铺预缴注册费。商户需要在注册流程最后一步缴纳店铺预缴注册费，完成缴纳后才能开启店铺。

（二）发布规则

1. 产品上传期间提供的信息必须准确

如果对所列产品提供的信息不准确，那么该产品可能会被移除，且相应的账户可能面临罚款或被暂停。

2. 严禁销售伪造产品

如果商户推出伪造产品进行出售，那么这些产品将被清除，并且其账户也将面临罚款，可能还会被暂停。

3. 产品不能侵犯其他方的知识产权

产品图像和文本不得侵犯其他方的知识产权，这包括但不限于版权、商标和专利。如果商户列出的产品侵犯了其他方的知识产权，那么这些产品将被清除，并且其账户将面临罚款，可能还会被暂停。

4. 严禁列出重复的产品

严禁列出多个相同的产品。相同尺寸的产品必须列为一款产品。不得上传重复的产品。如果商户上传重复的产品，那么产品将被移出，且其账户将被暂停。

（三）交易规则

1. 严禁出售伪造产品

这一点会有严格的审核过程。Wish 平台对于模仿或影射其他方知识产权的产品是直接严禁销售的。如果商广推山伪造产品进行出售，那么这些产品将被清除，并且其账户将面临罚款，可能还会被暂停。

2. 严禁销售侵犯另一个实体的知识产权的产品

Wish 平台审核销售品不仅仅是杜绝赝品，还禁止商户销售的产品图像、文本侵犯其他方的知识产权。任何品牌产品都需在有品牌授权的情况下才能售卖。这包括但不限于版权、商标和专利。如果商户列出侵犯其他方知识产权的产品，那么这些商品将被清除，并且其账户将面临罚款，可能还会被暂停。

3. 误导性产品新规

自 2018 年 5 月 2 日起，若产品被检测出存在误导性，则对于其在过去 30 个自然日内的相关订单，商户将被处以 100% 订单金额的罚款，外加单个订单 100 美元的罚款，总罚款金额最低为 100 美元。

4. 虚假广告政策通知

广告产品与实际描述不符，商户将被处以 100% 订单金额的罚款，罚款最低为 100 美元，该政策适用于一个月内的订单。

5. 禁售品罚款政策

从 2018 年 4 月 30 日开始，如果卖家产品被发现不符合 Wish 禁售品政策，则卖家将被处以 10 美元罚款，并且该产品也将被系统下架。"禁售品"的示例包括但不限于：侵犯他人知识产权的产品、违禁品。

6. 产品价格限制

自 2018 年 4 月 23 日起，因产品不适合、产品与描述不符、仿冒品等原因发生的与质量相关的退款，商家将收到 30% 订单价值的罚款，最高可达 5 美元。

2018 年 8 月 20 日下午 5 点起，各位商户在编辑产品时，4 个月内的产品价格涨幅将被限制为 1 美元或最高 20%（以数值较高者为准），该价格限制适用于产品价格。促销产品不允许涨价。

该政策旨在保护消费者、市场，并旨在维持商户间的公平竞争。商户店铺中若被检测到具有异常的和（或）不可接受的价格的产品列表，则该商户可能会受到额外的罚款、处罚和（或）在未来可能会被暂停交易。

（四）放款规则

（1）放款时间。固定在每月的 1 号、15 号。

（2）满足放款的条件。订单已确认收货，即物流信息上面显示妥投或者买家主动确认收货；90 天后无人确认收货，也无人退款，自动放款，这种情况一般是因为物流选择为平邮，因为平邮没有妥投信息；若为只针对美国、澳大利亚的 Wish 邮平邮，30 天后无人确认收货，也无人退款，平台也会自动放款。因此，卖家选择平邮时切记，这是平台所认可的物流渠道，也必须要有国内段的物流信息。

（3）确认收货发生的时间点（针对过去的每一个单）。1 号放款之后至 15 号放款之前，达到放款条件的订单，会在 15 号统一放款；每月 15 号放款之后至下个月 1 号放款之前，达到放款条件的订单，会在 1 号放款。

（4）被罚款订单放款时间。仿牌被抓，1 年之后返还一半，2 年之后返还全部（不是所有卖家都是这种情况）。

Payoneer 成立于 2005 年，总部设在美国纽约，是 MasterCard 卡组织授权的具有发卡资格的机构，为支付人群分布广而多的联盟提供简单、安全、快捷的转款服务。2017 年 9 月，Payoneer 与 Wish 联手推出提前放款，可以提前 30 天发放 Wish 店铺对应的待发放款项，提高资金流转速度。卖家将 Wish 店铺绑定到 Payoneer 收款，就会自动进入能否使用提前放款的筛选系统。提前放款的参与条件由店铺销量、店铺评分、收款稳定性等若干因素决定。只要卖家店铺符合参与提前放款的条件，Payoneer 就会立即通知卖家。每月卖家最多有两次提前放款机会，每笔放款的数额由 Wish 系统和算法决定。如果卖家不需要某一笔提前放款，忽略该邮件即可。

（五）评价规则

平台每个月都会将产品进行用户服务品质排名，想要被界定为高品质的产品，就应该始终拥有良好的评论、低退货率、高效的配送效率和较少的客户问题。如果被认定是高品质产品，则能获得被审核时间段内所有未产生退款的订单金额的 1% 作为返利，审核时间将会在被审核时间段的两个月之后。

拥有低评价的产品商户需及时优化或者下架该产品，否则 Wish 将移除该评价极低的产品，而且商户要承担该产品相关的所有退款责任。

（六）售后规则

1. 延迟发货的规定

对于所有在 2018 年 4 月 12 日以及此日后生成的订单，延时发货的订单将按照新政予以罚款。如果自订单生成起至物流服务商确认发货的时长超过 168 小时（7 个自然日），那么该订单将被判定为延时发货，同时商户将被处以罚款 20% 订单金额或 1 美元，罚款数额按高的计算。

2. 买家售后管理

出于要尽量减轻商户负担，以及照顾海内外客户习惯的差异，Wish 平台会和买家对接，直接受理相关的投诉和售后需求。

受信任的商户也有权直接处理买家的要求。商户的历史销售情况，包括发货时效、商品可信度、纠纷率等都将成为考核指标。

Wish 的优势在于智能数据分享，向买家推送感兴趣的产品，再加上 Wish 的操作主要是在移动端方面，因此相较于其他平台而言，弱化了商户与买家沟通的机能。Wish 的出发点是希望尽量减轻商户的负担，让商户只需负责上架产品和发货的工作，至于沟通方面则留给平台负责。

三、Wish 运作模式

（一）正确市场定位——瞄准中低端市场

1. 选定目标用户

Wish 的目标用户超过六成分布在美国和加拿大；以 16～30 岁的年轻人为主；年收入 8 万美元以上；男女比例为 1：4。用户更关注产品是否物美价廉，合乎使用，Wish 需要抓住他们的冲动性购物和碎片化需求。

2. 正确选品策略

（1）Wish 平台严格把控商品发货的时效性，商户应选择拥有有稳定的货源的商品。

（2）参考热门收藏品。

（3）明确公司或店铺的定位，选择相应的商品。

（4）了解目标客户群的需要，有的放矢。

（二）吸引卖家——中小卖家云集

1. 宽松的注册条件

与亚马逊、eBay 等平台相比，Wish 的注册门槛低，个人持身份证无特殊情况即可通过审核，商家入驻 Wish 不收取平台费，也不需缴纳保证金、押金，更不用交商品的推广费用。商家上传商品后，Wish App 即会根据商品进行定向推送。

这些策略对于中小卖家极为有利，因此 Wish 上的商户大多是来自中国江浙、广东等地区的中小卖家，而极少见大型品牌商的身影。

2. 简单的操作流程

卖家上传商品的操作非常简单，基本是涂鸦式的操作。店铺的经营也十分简单，后台有专门操作的系统，帮助管理订单和发货，也基本是涂鸦式的操作。借助一些例如店小秘、芒果店长等 ERP 软件，还可以批量完成产品的上传和订单处理。基本上一两个人就可以完成全部工作，即使是规模较大的公司。

3. 重产品而轻品牌

平台追求无障碍连接客户和内容，品牌对 Wish 来说只是一个属性，因此所有商家的商品最初分配权重都是公平一致的，随着产品运营指标调整推荐权重分配流量。而运营指标权重最大的就是发货速度。因此商家只需要遵守平台的规则，保证库存和发货速度，不需要特别为自己的商品做推广。

（三）轻松获取精准受众

1. 买家购物方式便捷——手机移动端购物 App

Wish 在手机 App 上采用"瀑布流"的商品推送方式，客户先看到的是图片，然后才是价格，用户在 App 内随意浏览经过美化的商品的精美图片，看到喜欢想要拥有的就可以点击图片进行购买，智能手机为这种购物方式提供了便利。

2. 独特的推送算法

Wish 会给每个用户打上"标签"，并依据标签进行产品推送，每个人看到的界面都不一样，同一个人在不同时间看到的内容也不一样，"千人千面"，与用户保持一种无形的互动。

3. 对用户宽松容忍

通过自己的客服处理售后问题，只要用户提出退款，基本都会通过，有时会要求卖家支付全部邮费。

4. 追踪用户购买行为

Wish 可以对用户的购买习惯进行追踪，通过"精准推荐＋随机探索"的形式，挖掘用户需求。为了让买家有更好的购物体验，Wish 每次推送的商品不会很多，这种"物以稀为贵"的推送方式更容易受到欢迎。

（四）Wish 业务推广

（1）Wish 鼓励用户通过社交媒体注册。鼓励新用户使用脸书和 Google+ 等社交媒体账户与站点互动，这样 Wish 就能根据用户兴趣向其展示产品，专注于社交媒体也使得 Wish 保持顾客和客户的透明度。

（2）Wish 专注于核心产品。由于 Wish 采用的是移动技术，因此公司在用户界面及移动应用程序方面花费了大量心思，将资源集中投入于核心平台的改进工作，而不是分散关注多个不同的收入流。

（3）Wish 将社交媒体与购物相结合。Wish 应用程序本身就像是一个社交媒体站点，用户可以相互关注，查看彼此喜欢的产品和交换 Wish 清单。

（4）Wish 乐于帮助消费者省钱。与其他电子商务应用程序和网站不同的是，大部分商品直接打 3 ~ 5 折，顾客不需要花费时间找优惠券，也不需要等到店内促销，就能以优惠的价格买到他们喜欢的产品。

（五）盈利模式

Wish 平台的盈利模式非常简单，Wish 将从每笔交易中按一定百分比或按一定金额收取佣金。即卖出物品之后收取这件物品收入（售价 + 邮费）的 10% ~ 15% 作为佣金。与商户采用月结的方式。若不发生交易则不收取佣金。另外，在使用 PayPal 收款的情况下，每笔款项还要支付一定的费用。

除此之外，在 Wish 上创建账户、开设店铺都是免费的，上传商品信息也不会被收取任何费用。

四、Product Boost 产品推广活动

（一）Product Boost 定义

Product Boost（简称"PB"，产品推广活动）通过结合平台卖家的数据、Wish 的算法，增加产品的流量和转化率。平台卖家需提交参加产品为期一周的活动。用 Product Boost 的产品，一旦和 Wish 的买家有关联，花费高的 Product Boost 竞价，可获得更好的产品排名。那么高质量以及有吸引力的产品在活动期间便会获得更多的流量和转化率。

（二）Product Boost 优势

诚信店铺可优先加入 Product Boost，参与店铺需同意 Wish Media 服务条款。卖家提交了 Product Boost 活动产品，即被视为自动同意 Wish Media 服务条款。

第一，加速产品曝光。产品会在产品排名中获得更好的位置。第二，增加产品流量和销售。产品与消费者相关，会获得更多流量。第三，更快地凸显出热销产品。告诉买家哪些是超级热销的产品。

根据卖家提供的关键词，产品会在排名中获得更好的位置，但是它们将只被展现在店铺配送范围内的国家和地区。

（三）Product Boost 收费

每个参与 Product Boost 的产品，都需要支付两笔费用。

（1）总报名费。每个参加活动的产品支付 1 美元。这笔费用在提交申请时产生，在每月两次常规放款中扣除。

（2）总支出。活动期间所得流量总费用，是基于产品竞价和流量计算而来的。若卖家对促销活动设置预算上限，总支出将不超出预算。当一次促销活动结束后，产生的费用也是在每月两次的常规放款中扣除。

（四）使用 Product Boost 100 美金预支额度

挑选认为将热销的产品，在 Product Boost 活动选择关键词竞价，最多可花费 100 美元，只有当产生流量销售后，Wish 才会扣除费用。如果促销的产品未能通过 Product Boost 产生销量，Wish 将不收取任何费用。如果促销的产品产生了销量，那么活动费用将从账户内扣除，直到 Product Boost 的 100 美元预支额度付清。

（五）Product Boost 实践

1. 产品图片

产品主图非常重要。当消费者浏览 Wish 网站或者 App 的时候，他们第一眼只会看到产品的主图，然后在非常短的时间内判断是否点击图片来进一步浏览或者购买。所以，产品主图要尽量精美、吸睛。

如果产品不太容易表现其用途，那么建议在图片里加入相关的应用场景或者使用方法，如可在图片上加注文字。有时候在图片上注明产品用途，或者突出产品的优点，会对点击转化有所帮助。因为对消费者而言，他们能够更容易发现自己的需求，从而促成点击购买。另外，如果产品有多种颜色，请务必在主图或者附图中加以展示，这样能够照顾到喜欢其他颜色的消费者。

2. 选品和价格

一般来说，建议挑选具有销售潜力且高质量的产品，比如：

（1）其他平台获得热销的产品。商户会将同一产品在包括 Wish 在内的不同的平台上进行销售，该产品可能在其他平台获得了不俗的销量，但在 Wish 平台却表现平平，此时，卖家就可以考虑使用 Product Boost 进行推广促销。但需要提醒的是，同一产品在不同平台进行销售，并不是简单的复制粘贴，产品的描述、标签、图片等都需要根据平台特性进行调整。

（2）流行方向，大量需求的季节性产品。Wish 平台的消费者主要为欧美 15 ～ 35 岁的年轻用户，他们对于流行非常敏锐并且乐于追逐，在考虑推广哪项产品时，可以去主流的社交网站寻找灵感。尤其是季节性产品，售卖应季商品大家都知道，能否热卖就看商家是否抓住了流行的趋势。

（3）Wish 平台没有的产品，对买家来说是新颖产品。人无我有，这是畅销最简单的方式之一，但在高度信息化的今天，市场几乎完全透明，已经很少有未开发的产品"蓝海"了，此时，进一步细分的产品类别也许会给卖家带来新的商机。或许只是外形上的创新，就能打开新的市场。

（4）卖家专注开发的具有竞争性的产品。有能力的商户可以根据市场需求，开发出独特的具有竞争优势的产品，对于此类产品，参加产品推广活动可以有效缩短市场适应期，加速流量兑现。但这些都是建立在产品的质量良好、价格合理的基础上。

另外，同时建议，参考相似的或者同类别的产品的销售情况；为产品合理定价，以保持竞争优势。

3. 关键词

关键词要能准确地描述产品。一些热门的关键词，例如"dress"和"fashion"，肯定会有很高的搜索量，但是这些关键词的竞争也是非常激烈的。如果没有为优质产品针对性地设置关键词，那么产品不可能有好的销售表现。卖家需要让关键词更加具体、相关度高，从而提高产品的转化率。

4. 竞价和预算

结合所选取的关键词来合理竞价。可参考所选关键词的"建议竞价"。建议所填竞价至少接近或等同于建议竞价。

预算要足够，建议最好是竞价的数倍，至少保证让产品能够有一定的流量。系统需要收集和分析推广活动的流量和表现，只有当数据至少要达到最低要求时，才能达到更佳的推广效果。收集数据的这一过程称为"机器学习阶段"。

"高竞价低预算"或者"高预算低竞价"都无法帮助商家赢得流量。建议在设置预算时，应保证每个产品至少能够分配到上万流量。在此基础上，需要尽可能地提高竞价，来帮助产品脱颖而出。

如果竞拍失败，那么产品广告将不会得到展示。提高竞价并不是增强广告竞争力的唯一方式，但这是能直接控制而且效果较好的一种手段。

5. 推广活动优化

实验出真知，建议多做实验，在每次产品推广活动中学习到如何对它进行优化。

五、Wish 方向

（一）流量政策

1. 新的评分系统

Wish 将新增一套新的产品评分系统，产品质量、产品价格、发货时效、各种物流相关指标都将影响产品的评分，从更长维度的复购率对产品进行评估。

2. 新设店铺评分体系

升级坝有的店铺评分体系，并应用于平台的一些核心指标（如流量）上，店铺评分将赋予产品更多加权，引导商户专注于店铺的运营；通过分层的商户政策，提升商户的资金使用效率；一些新的平台工具及项目也将向高评分的店铺优先开放测试。

（二）库存管理与采购成本

流量的不确定性导致了一定的库存管理压力和采购成本的上升，Wish 将通过政策降低流量分散性，引导商户开展精细化运营，实现店店有爆款的更均衡的成长。

（三）罚款与免责

对于恶意欺诈的商户，Wish 平台将继续加强政策管理，同时，也将改进相应政策，对于偶然失误导致的违规进行特殊处理甚至是免责，实现政策更加人性化。

（四）促销活动

无论是 Fall Sale、Black Friday、Boxing Day，还是其他的平台促销活动，活动中所产生的促销成本也都是由平台承担，集中优势资源实现收支平衡对平台和商户的发展都很重要。

平台需要资源去开展可持续的运营发展，尤其是促销活动的开展。更高的产品价格意味着单个产品更多的收入，但对产品的销售又有潜在的影响，更低的价格意味着更高的复购率，但实际收入可能并不高，为在价格、销量、收入之间寻找一个惠及平台、商户等多方的平衡点，平台将优化定价规则。

目前，平台正在策划开发热销产品协同定价的机制，选定热销产品，邀请商户进行降价销售，平台则提供流量的保障，此举将作为 Product Boost 的有益补充，切实惠及商户。

（五）人民币定价

平台开放人民币定价，尽量减少汇率波动给商户带来的运营风险。

（六）物流政策走向

物流是平台重点提升的发展环节，全球经济依然有很多不确定因素，平台的物流政策走向将更多地倾向于引导而非管制。

1. 线上化与平台化

Wish 将继续深化完成物流渠道的线上化与平台化，通过渠道引导和流量控制的方式提升各个渠道的效率，通过价格杠杆的方式引导商户选择更优质的物流渠道。

2. VAT 全球解决方案

围绕 VAT（Value Added Tax，附加税，欧盟的一种税制）征税的潜在风险，除了加强与相关国家和地区的政府合作外，平台将尽快推出物流保险服务，引入更多保险公司，提供尽可能广泛的保险覆盖，以免除商户的后顾之忧。

3. 合并订单

EPC（Export Process Center）是 Wish 提供的一项出口处理中心服务，平台会根据用户的订单情况，将同一买家跨商铺购买的商品进行合并发货并派送。EPC 合并订单服务实现了集中平台资源，最大化提升物流效率，未来，通过整个 Wishpost 的线上化，平台将更积极地对接优质物流方案，实现更细致的服务，包括每个仓之内的首公里配送服务、每个仓的仓内调拨服务等。

启发性思考题 ≪

1. Wish 的经营模式是什么?

2. Wish 如何进行业务推广?

3. 登录并注册 Wish 平台网站，并熟悉网站操作流程和平台规则。

4. Wish 使用 Product Boost 将为企业带来哪些效益?

案例十一
兰亭集势

一、兰亭集势平台简介

（一）兰亭集势介绍

兰亭集势（英文：Light in the box）成立于 2007 年 6 月，创始人是郭去疾先生。公司成立之初即获得美国硅谷和中国著名风险投资公司的注资，总部设在北京。

兰亭集势标志见图 11-1。

Lightinthebox.com

图 11-1　兰亭集势标志

"兰亭集势"，其实它是英文名字的翻译，Light in the box，盒子里的光，用译名是因为这家公司面向的不是中国市场，它是一家外贸 B2C，就是把中国的商品直接卖到外国消费者手里。

"One World One Market"，兰亭集势的使命是为全世界中小零售商提供一个基于互联网的全球整合供应链。通过其创新的商业模式、领先的精准网络营销技术、世界一流的供应链体系，依托包括谷歌、eBay、UPS 在内的全球合作伙伴，将中国的产品直接卖给国外终端消费者。

兰亭集势最初主要销售的产品是婚纱礼服，后来公司销售的产品品类不断拓展，目前销售的产品涵盖电子产品、服装、玩具、饰品、家居用品等 14 大类，主要销售市场为欧洲、北美洲等。目前，兰亭集势共提供 23 种语言服务，覆盖全球 90% 的互联网用户。

（二）兰亭集势发展历程重大事件

2007 年 6 月，兰亭集势贸易公司成立，主营电子产品，以 B2B 小额外贸批发为主，总部设在北京，在深圳、上海、中国香港、苏州、广州、义乌等分公司共拥有 1000 多名员工。

2008 年，兰亭集势控股公司成立；获得 500 万美元的第一轮投资；婚纱产品线上线；并在深圳建立第一个仓库。

2010 年 6 月，兰亭集势完成对 3C 电子商务欧酷网的收购。

2013 年 6 月，兰亭集势在美国纽交所挂牌上市。成为中国跨境电商第一股，以自营及特卖模式打入成衣领域。

2014 年 1 月 6 日，兰亭集势实现对美国西雅图社交电商网站 Ador 公司的收购。

2014 年，兰亭集势与深圳前海自贸区合作，成功完成了中国跨境电商出口退税第一单；与苏州工业园区合作，实现了分送集报的自动化跨境电商出口报关。

2018 年 12 月 10 日，兰亭集势发布公告称，完成对新加坡电商 Ezbuy 的收购。Ezbuy 创建于 2010 年，总部位于新加坡，现已成为东南亚领先的跨境电商平台之一。该公司允许其在新加坡、马来西亚、印度尼西亚、泰国和巴基斯坦的 300 多万名客户，购买来自中国、美国、韩国、马来西亚和新加坡的高质量产品。

2018 年 11 月 16 日，兰亭集势任命 Ezbuy 的创始人兼首席执行官何建为公司新任 CEO。

二、兰亭集势商业模式

兰亭集势作为外贸 B2C 网站，主要的运营模式是将中国本土的商品售卖到海外个人消费者手中，凭借产品采购及销售产品中间的差价来盈利。2014 年 5 月，兰亭集势发布全球时尚开放平台战略，在全国招商吸引商家入驻平台，承诺向接入平台的卖家提供全球本地化、订单履行、客户服务、开放数据四项服务。

兰亭集势的基本商业模型是跨国 B2C，用谷歌推广，用 PayPal 支付，用 UPS 和 DHL 发货。其实，就是通过自有电商平台，也通过在 eBay 和亚马逊的海外电商平台开店的方式，将商品卖到海外市场，主要是北美和欧洲市场。

（一）收入模式

1. 平台：以收取分成获得盈利

（1）招商对象。国内线下传统品牌、互联网品牌和外贸工厂。

（2）开放品类。只开放服装品类（主要是成衣），不包括兰亭集势的核心品类婚纱。未来平台成熟后，不排除开放更多的品类。

（3）收费方式。无年费，兰亭集势收取商家销售额的 15% 作为分成。

2. 自营：以进销差价获取盈利

（1）采购。产品采购方面，兰亭集势绕过层层中间贸易环节，70% 的商品直接从工厂进货，节约进货成本。

（2）销售。产品销售方面，直接将从工厂进货的价格低廉的中国制造品以海外市场的定价标准直接卖到 C 端消费者手中，获得了高毛利的优势。兰亭集势在保持一定毛利水平的基础上，再进行一定的规模扩张，以获得规模效应。

（二）M2C 模式

M2C 即（Manufacturers to Consumer，生产厂家对消费者）模式，生产厂家直接对消费者提供自己生产的产品或服务的一种商业模式，特点是流通环节减少至一对一，销售成本降低，从而保障了产品品质和售后服务质量。

M2C 的产业链条十分复杂，涉及营销、生产、海运、仓储管理等各个环节，除了需要各个相关行业的专业人士操作之外，还需有强大的 IT 系统来进行高效的管理。而 IT 开发，正是兰亭集势的一大优势。

一般跨境电商主要有六个环节：①中国的工厂；②中国的出口商；③外国的进口商；④外国的批发商；⑤外国的零售商；⑥外国的消费者。在跨境电商领域内，阿里巴巴完成的是②～③的环节，敦煌网完成的是①～④的环节，而兰亭集势则力求实现①～⑥的所有环节。真正的高利润产生在④～⑥的环节，而这也是中国制造只能依靠廉价取胜、利润微薄的原因之一。只有把商品从中国工厂直接送到外国消费者手里才能实现利润最大化。在这方面，兰亭集势的前端主要是通过谷歌、推特、脸书等多种途径将商品推送到美国消费者面前，用 PayPal 进行交易，然后再通过 UPS、DHL 等国际物流把产品直接递送到他们手里。

（三）创新的供应链模式

跨国零售管理的关键在于供应链管理，而兰亭集势正是因为建立了较为高效的供应链管理机制，从而不仅能保证订单及时处理，还可实现定制化的生产流程。

1. 供应链环节

直接从制造商进货并直接面向消费者销售，极大地缩短了供应链环节，实现了从工厂到网站再到消费者的最短销售链条，实现较高的毛利率。

2. 供应链管理

一方面，在广度上，兰亭集势需要越来越多的供应商合作，不断增加提供商品的品类，从而提升网站货品的丰富度；另一方面，在供应链合作深度上，将供应商纳入产业链条，让供应商主动更新产品，提升整个网站的货品更新速度。

兰亭集势按照电商的销售特点重新整合供应链，选择从工厂直接进货，但面临实际困难。

主要是现有的工厂擅长的是规模经济下的大批量生产，灵活性差，不能适应兰亭集势的定制需求；一些小工厂灵活性强，能力却有限。为此，兰亭集势挑选出学习能力强的工厂，派驻工程师帮助再造生产，包括成本核算、改进管理和生产流程，将这些在线下为国外厂商服务的传统工厂，变成适应电子商务需求的工厂。按照过去传统的外贸方式，从设计到消费者购买，大约需要18个月时间，而在兰亭集势的模式下，只需3个月。为了保持低库存，兰亭集势采用的小批量下单以及快速补货，改造后的工厂完全能满足这种需求。传统的外贸，可能一次下订单要10万件起，而兰亭集势下一次订单只需3000件，极大降低了库存风险，速度也得到了保证。现在，顾客在网站上下单后，供应商能在48小时内将商品送到兰亭集势的仓库；如果是定制化商品，则在10～14天内商品能送达。

目前，兰亭集势拥有2000多家供应商，建立了成熟的供应商管理体系，考量的标准包括质量、成本、价格、可靠性、财务能力、声誉、配送和生产能力、快速反应能力以及能否和兰亭集势一起成长等，并用招标的形式引入供应商的竞争。

3. 商品管理

在商品管理上，针对定制类商品和标准品，兰亭集势分别采取不同的管理模式。

（1）定制类商品。兰亭集势的定制商品主要是婚纱礼服类，顾客可以根据自己的身材和喜欢的颜色进行个性化定制。此外，成立婚纱设计中心，加强产品的设计能力。婚纱是兰亭集势卖得最火的产品之一。到美国传统的店面买婚纱，只有标准的尺码供选择，而在兰亭集势，只需提交自己的订单，工厂就会在10天内为其量身定做一套婚纱，再在5天内快递到顾客手中。此外价格具有极大优势，在兰亭集势，每件婚纱平均价格大约是200～400美元，而同样的婚纱在美国店面价格则是1000～2000美元，其价格差甚至达五倍以上。

提前对供应商流程或生产协调能力进行培训，要求供应商在接到订单的规定时间内，按照网站需求完成定做，并将成品送至兰亭集势的仓库。

定制的标准品，要求供应商在48小时内将成品送至兰亭集势仓库。

（2）标准品。要求部分供应商提前备货，存放至兰亭集势仓库。通过这种方式，兰亭集势的订单处理率得到提高，并有效避免了库存风险。

（四）领先精准的网络营销技术

兰亭集势依托互联网而生，在运营上和传统的外贸企业的运营不同。传统的外贸企业在营销上多依赖个人关系和展会，营销渠道有限，对大客户的依赖较高，而在供应链上以规模化、大批量生产为主。兰亭集势在网上开拓了丰富的营销渠道，并能依托互联网实现精准营销，直销到个体消费者，同时在生产环节展现出更多的灵活性，实现小批量多批次生产。

兰亭集势具有多样的营销手段，包括搜索引擎营销、展示广告、邮件营销和社交网站上的口碑营销。比如，兰亭集势在近十万个长尾网站上通过技术手段展示广告。相比较于传统营销，网络营销具有精准的特点。兰亭集势擅长谷歌营销，是所有网络营销工具中最为精准的一种（广告是根据用户搜索的关键词进行展示的，这个关键词精确地反映了用户当时的需求）。此外，兰亭集势注重 SNS、BBS 等社会化营销工具的运用，如脸书、推特、领英等社会化网络社区。这些营销手段能帮助企业基于用户的个性化信息和偏好进行营销。

网络销售的特点是能够记录和利用海量的数据，这些数据是在传统交易中很难获取的，所以优秀的电子商务公司必须具备良好的数据分析能力，利用数据指导科学决策，兰亭集势模式也不例外。在利用搜索引擎营销方面，兰亭集势目前积累了包含 17 种语言的几百万个关键词以及这些关键词的绩效数据，开发了一套算法用以排列关键词的组合以实现广告投入回报率的最大化。

在数据分析方面，兰亭集势开发的网络"爬虫"能够抓取大量网站信息，并找出社会化媒介上的信号，确定什么样的产品会在特定时间和特定地区对人们产生吸引力。例如，借助网络"爬虫"，兰亭集势发现消费者对 LED 水龙头的需求增长，借此成立了独立水龙头品牌 Sprinkle，很快，这种会随着水温的变化而改变颜色的 LED 水龙头成了畅销商品。

兰亭集势通过数据得出更优化的算法，能动态地把每件货物发到世界各地，解决用什么快递公司、在怎样的特定的情况下、怎么组合更优更快的问题。在兰亭集势上，海外消费者可以买到性价比高的中国产品，或者他们在当地买不到的东西，比如有 8 个喇叭可以当音响的手机。互联网每天都产生大量的数据，兰亭集势通过监测、分析，迅速了解到诸如南美用户可能更爱在手机上看电视这种细微的需求，然后，他们更快地将需求反馈给中国的制造企业。

（五）完整的本地化举措

（1）海外仓储。在欧洲、北美建立仓储，未来将会在海外更多的地方建立仓储。

（2）海外办公室。2014 年年初在美国设立海外办公室。

（3）人员及服务。在美国、西班牙、波兰等地招聘本土雇员，通过自助打造的"虚拟公司"网上协助平台建立遍布全球的员工协作网络。客服本土化，聘请服务市场当地的客服，超过 20 多个国家和地区都有他们提供的当地客服。

（4）本地化营销。通过本地网盟及社会化营销等营销方式，建立并强化公司在当地市场的品牌知名度与美誉度。

（六）物流平台

2015 年 1 月 26 日，兰亭集势启动"兰亭智通"全球跨境电商物流平台，兰亭智通将兰亭集势积累的物流经验、系统、数据整合在一起，以开放平台的方式给所有跨境电商企业使用，从而让更多的中国企业做到"不出家门卖全球"。

兰亭智通旨在以开放平台模式为跨境电商卖家整合全球各地物流配送服务商，从而降低跨境物流成本。兰亭智通将提供开放比价竞价、全球智能路径优化、多物流商协调配送、自动打单跟单、大数据智能分析等一系列功能。

全球跨境电商将带来新一轮基于移动互联网与大数据的全球物流革命，在这场革命里，比拼的将不再是谁拥有多少仓库面积或者运输飞机，而是谁会更好地利用技术激活更多潜在的市场参与者从而释放出更大的市场活力。

兰亭集势的核心优势是投放能力，也就是平台有很强的全球获客能力；其次，兰亭集势起步较早，整个供应链体系沉淀很深，有很多供应商支持；此外，兰亭集势涉足的市场广泛，仅一个平台就可以容纳多个国家和地区，每种语言的跨境电商架构，都需要配置团队维护建设。

未来，兰亭集势的战略方向包括：

（1）增强顾客体验，增加顾客基数。

（2）扩充和增强产品品类，将重点放在具有较高复购率的商品上，同时持续打造自己的产品品牌。

（3）加强供应链管理，持续提高供应链效率。

（4）优化物流网络和物流基础设施，考虑在一些国家与第三方物流仓储公司合作以减少配送成本和加速配送效率。

（5）持续改进营销，进一步增强品牌形象，重点在增加本地化营销、提供更多的语言版本。

（6）投资 IT 技术，增强新技术应用，提升自动化水平，进一步扩展数据的挖掘和分析能力，挖掘顾客偏好，并改善移动端网站建设。

三、兰亭集势平台规则

（一）注册规则

兰亭集势要求平台卖家提供企业三证，即营业执照、税务登记和组织机构代码。电子产品要提供品类安全认证，品牌产品要提交品牌资质、商标注册证或者品牌授权。在线创建兰亭集势全球卖家平台账户，在注册过程中还需要开户银行许可证。兰亭集势不向平台卖家收取平台入驻费或服务费，但会抽取 15% 佣金和 3% 的交易手续费。在获取卖家的联系方式之后，兰亭集势招商经理会与卖家取得联系，沟通合作模式，确认合作关系。资质审核工作完成之后，卖家即可进行新品上传。

自营供应商需要缴纳 300 元人民币注册费，试用期 3 个月，成为兰亭集势正式供应商后需要缴纳平台服务费 500 美元 / 年，提供有竞争力的价格给兰亭集势，由兰亭集势来定价销售。

（二）发布规则

1. 图片要求

图片要求无水印，不可有侵权图案；除服装可以是街拍图，其他产品的主图必须为白底；图片格式为 JPG，不小于 35K，不超过 3M；主图像素必须大于 500×500，图片必须为正方形。

2. 禁止货不对版

造成货不对版的原因主要是编辑编错款号，或是供应商写错款号，或是新旧产品的更替，也有客户特别要求修改款式，反馈给供应商后，工厂方面没有修改。平台要提供给国外顾客与他们愿意购买的商品一致的商品。

（三）交易规则

在服装市场中，侵权行为特别严重。纺织品外观设计主要包括纺织织物的图案、花型及服装款式设计，是一种特殊的无形资产，设计者或所有者对它具有独立占有的权利。中国外贸 B2C 行业中许多是低价的高仿品、山寨品，这诱发了一系列的知识产权问题。兰亭集势强调只有重视知识产权的保护以及产品的质量才能确保中国跨境电商走到全世界各个地方都是受当地欢迎的。不仅是受当地消费者欢迎，也要受到当地政府和当地行业协会的欢迎。因此，兰亭集势对知识产权的侵犯是零容忍的态度。兰亭集势作为连接买者和卖者之间的桥梁，作为把关人，有责任和义务对入住商家和商品进行审查核实，主要包括商标权、产品专利权和版权等知识产权内容。

（四）放款规则

对于兰亭集势供应商，平台可以做到月结和半月结，供应商可以选择用海外美元账户或者国内的人民币账户来接收平台的付款，平台会按时结算并将资金打到供应商指定的账户。

对于平台卖家，卖家可以在卖家系统中实时查看结算明细，兰亭集势会在每月 10 号前完成上一个月的结算付款。

（五）售后规则

注重用户体验。兰亭集势的订单处理模式是，顾客下单后，订单会通过信息系统传送给仓库。基于公司独特的供应链网络，公司保持较低的库存水平。在订单数量较少的情况下，订单会被直接提交到供应商。订单以日计提交给供应商，大多数情况下，供应商会在 48 小时内将大多产品送到仓库，在 10 ～ 14 天内将定制服装产品送到仓库。在通常情况下，非定制产品在顾客下单 14 天内会送到顾客手里。婚纱、礼服等定制产品会在顾客下单 21 天内送至。在货物发出前，质检人员会先进行质量检验（不同的国家会有不同的检验标准），在检验合格后，再通过第三方物流快递至顾客。

消费者可以在网上通过跟踪系统，查看自己购买物品的情况。兰亭集势会基于货重和距离计算运输费用。另外一些商品，采取免运费的优惠，让国外客户足不出户，便能拥有极好的用户体验。

四、兰亭集势发展困难

（一）摘牌警告

2018 年 10 月 30 日晚间，兰亭集势收到纽约证券交易所信函，由于公司的 ADS 平均收盘价在连续 30 个交易日内低于 1.00 美元，低于合规标准，存在被"摘牌"退市的风险。不过，兰亭集势有 6 个月的时间"救市"，即截至 2019 年 4 月 22 日，若最后一个交易日收盘价仍未达到 1 美元，以及此前连续 30 个交易日平均收盘价都未达到 1 美元，届时兰亭集势股票交易将被暂停，纽交所将启动退市程序。

兰亭集势（Light in the box）成立于 2007 年，2013 年 6 月 6 日在美国纽交所挂牌上市，成为中国跨境电商第一股。

2013 年上市后，兰亭集势第三季度开始亏损，上市五年来，兰亭集势一直处于亏损状态。据兰亭集势 2018 年第二季度财报数据显示，其当季营收 5540 万美元，同比下滑了 29.4%，净亏损 950 万美元，去年同期净亏损为 180 万美元。2018 年前两个季度共计亏损 1740 万美元。2017 年全年的净亏损达到了 950 万美元，2016 年同期净亏损为 870 万美元，2015 年净亏损 3940 万美元，2014 年亏损 2400 万美元，2013 年亏损 470 万美元。

兰亭集势的原始投资人和创始人纷纷退出，奥康国际和卓尔集团成为新的"接盘侠"。但如今来看，兰亭集势的颓势依然明显，甚至面临退市风险。

（二）问题原因

1. 假货问题

兰亭集势的初期定位是廉价货自己卖。假货、赝品等曾成了兰亭集势主要销售的产品。这个道路，既为之前的兰亭集势赚取了巨额的利润，也成了后来制约其发展的掣肘。

消费者都喜欢购买有品质、有品牌的产品，不管是在跨境电商平台上选购，还是在独特性突出的独立站上购买，这是消费者选择优质商品的基本共性。兰亭集势所面临的市场竞争对象不单单是独立站，也包括各大主流、新兴崛起的跨境电商平台，这使得依旧售卖低端、普货的独立站很容易被市场和消费者所淘汰。

2. 阿里巴巴速卖通、eBay 等的制约

随着阿里巴巴国际站、亚马逊、全球速卖通、eBay、Wish 等跨境电商平台甚至是其他独立站的兴起，兰亭集势逐渐失去了市场优势。

全球速卖通是阿里巴巴于 2010 年成立的，基于全球市场的一个在线交易平台。全球速卖通背后的阿里巴巴和淘宝，代表着其背后数十万甚至更多的金牌卖家和产品。相比较兰亭集势的 B2C 模式，在 SKU 深度和广度上，全球速卖通更胜一筹。eBay 则是已经发展多年，拥有兰亭集势无法匹敌的用户量。对于兰亭集势来说，海外市场进一步开拓十分困难。全球速卖通在自己的平台佣金只要 3 个点，而兰亭集势在 eBay 和亚马逊要 10 个点，成本增加很多，而自己的平台又未能积累大量用户。

3. 内部平台管理混乱，未形成固定用户群体

兰亭集势的优势都是成批供应商所给予的，但其背后也有相应的劣势。中国制造多以 OEM（定点生产，俗称代工生产）、ODM（原始设计制造商）为主。这就造成了兰亭集势虽然具备供应链优势，但在自主品牌、品牌认知、用户黏性方面十分匮乏。

未形成固定的用户，主要有两方面的原因：一是由于平台管理没有完善的规章制服，缺乏售后服务，而兰亭集势本身走的是出口廉价商品、赚取巨额利润的路子，这样难以形成自己的品牌效应，顾客回购率低。出口廉价商品被越来越多商家盯上之后，兰亭集势就无法保证自己之前的大量销售额了。二是由于兰亭集势服务口碑一般，"回头客"少。

4. 营销手段和仓储问题

关于营销手段，兰亭集势基本采用的是购买 Google AdWords 和 SEO 的方法来打广告，但是随着谷歌算法的变化，导致其获取流量困难，而独立站主要就是依靠流量。而且品牌回购率低，则需要不停加大广告投入来赢取用户，如此一来，成本自然上升。

近年来，在仓储上，兰亭集势由于海外仓储物流建设遭遇到税务方面的问题，造成了现金流受阻。而且品类扩张过快，SKU 太多也给自身造成了不少压力。

兰亭集势的发展在一定程度上也可以概括为传统独立站的迭代过程，"船大掉头难"。在独立站发展的红利期，独立站卖家多采取粗暴、低价、泛供应链的运营模式，短期内卖家迅速积

累了大量财富，体量也不断壮大；而当独立站"风口期"消失的时候，市场的流量成本、行业内竞争成本就会慢慢升高，卖家利润空间大幅度缩水，品牌的重要性不言而喻；现阶段，独立站开始趋于成熟，面临着转型、创新的机遇及挑战。

不进则退，除了供应链和物流的实力之外，市场的倒推升级也十分重要，这其中自主品牌、消费者认知是独立站乃至于跨境电商卖家转型、升级的最佳原动力。

五、兰亭集势布局中部三大中心

2019 年 2 月 28 日，武汉跨境电商发展峰会在武汉会议中心举行。包括亿邦动力、兰亭集势、网易考拉、阿里巴巴、小红书、亚马逊、eBay 等在内的多家国内外跨境电子商务知名企业聚集在此，共商武汉跨境电子商务发展大计。

本次峰会以推动武汉跨境电商综合试验区的创新发展为契机。作为国内 35 个获批跨境电商综合试验区之一，武汉跨境电商综试区将重点建设线上综合服务平台、线下综合园区平台、人才综合服务平台"三大平台"以及信息共享、金融服务、智慧物流、信用管理、统计监测、风险防控六大体系，目标是把武汉建成中部跨境电商创新基地、全国跨境电商人才总部基地。为了吸引大型跨境电商企业和平台企业来武汉发展，政府方面拟出台一系列跨境电商利好政策，已推出了全国首个"无票无税"平台，与湖北跨境电商公共服务平台进行无缝对接，使跨境电商企业可快捷享受无票免税政策"红利"，降低企业经营成本，为企业走出国门铺平了道路。

具有"跨境电商第一股"之称的兰亭集势受邀出席了此次峰会，定位出口的兰亭集势在全球具备很强的获客能力，自收购 Ezbuy 之后，兰亭集势从供应链、仓储物流到市场投放等多方面进行了进一步的升级完善。据了解，借武汉跨境电商综试区的"东风"，兰亭集势将与地方资源优势双向融通，既为武汉跨境电商发展带来丰富的电商运营经验、全球客服运营经验、多国家跨境仓储和物流经验及跨境电商大数据运营经验，也将借力推进兰亭集势在中部地区的新布局，建立三大中心。

依托武汉的中部区域优势地位及卓尔汉口北国际商品交易中心，建立覆盖华中、华北和西南区域供应商的武汉采购中心；依托武汉跨境电商的物流政策，建立中部地区物流中心；依托武汉的百万大学生，建立覆盖多国语言的客服中心。

目前，武汉综试区全国首个"无票无税"平台已正式上线运行，跨境电商企业可快捷享受无票免税政策"红利"。而此前，武汉综试区内的跨境电商企业出口增值税都获得免除，极大降低了企业成本。对兰亭集势这类出口型电商而言，确实是重大利好。

兰亭 CEO 何建表示，非常认同武汉的商业发展基础及电商运营优势，同时也提出电商城市的发展建设不仅要做硬件建设，更离不开核心的软实力及人才的培养。当跨境电商把物流和商业打通后，也希望在政府层面可以带动学校提前储备专业的技术人才，同时积极培养电商氛围。兰亭集势将继续以"中国好货卖全球"为战略，面向兰亭传统优势的欧美市场和 Ezbuy 优势的东南亚市场，利用积累用户行为和供应链数据，更高效做好人货匹配及供应链整合，打造领先的跨境电商平台，同时，充分利用武汉综试区的"成本洼地"，为更多质优价廉的"中国制造"走出国门而助力。

启发性思考题 《《

1. 兰亭集势独特的商业模式为企业带来了哪些效益？

2. 从 2013 年第三季度后，兰亭集势一直在亏损，主要的原因有哪些？

3. 登录并注册兰亭集势网站，了解平台操作流程和平台规则。

4. 兰亭集势如何助力发展武汉跨境电商试验区？

5. 兰亭集势的发展历程为我们带来了哪些启示？跨境电商企业应如何发展？

案例十二

出口时代

一、出口时代简介

（一）出口时代介绍

大连出口时代电子商务有限公司为辽宁迈克集团全资子公司，辽宁迈克集团前身为辽宁省机械设备进出口公司（成立于 1979 年）。公司渊源更早可追溯到辽宁省机械公司（成立于 1960 年），总部位于辽宁省大连市，同时在沈阳市设立分公司。

出口时代标志见图 12-1。

图 12-1　出口时代标志

公司旗下运营跨境电子商务平台——出口时代（www.exportimes.com），平台定位是为国内外的中小企业提供国际贸易全价值链的一站式服务；业务范围包括外贸综合业务服务和外贸专业定制服务；服务对象以国内外中小企业为主；公司愿景是让国际贸易简单点儿。

公司凭借辽宁迈克集团 60 年的外贸经验和 20 年的电子商务经验，集高度专业化的队伍与专业资源，专注于支持中小企业无障碍、高效率、低成本地开展国际贸易。除提供海量商业信息外，还可延伸至中后端的交易以及售后服务领域，从市场开拓、报关报检、租船订舱，到退税、融资等方面都可提供国际贸易全价值链的一站式服务。具体包括：跨境平台服务、外贸综合业务服务、海外互联网营销服务、国际贸易与跨境电商人才培训服务。

2014 年，辽宁省人民政府办公厅下发《关于支持外贸稳定增长的实施意见》，其中特别指出积极发展跨境电子商务。对跨境电子商务实施"清单核放、汇总申报"的通关模式。以辽宁迈克集团跨境电子商务平台"设备时代网"为基础，建立全省外贸综合服务平台。设备时代是出口时代另一个专注于机械设备、工业品的跨境贸易平台，为机械工业行业的外贸企业提供电子商务平台服务。

（二）出口时代发展历程重大事件

经过不断发展，出口时代网站平台逐渐得到社会各界的认可。

（1）获得"2012年度中国可信B2B行业网站50强"。

（2）工信部2013年电子商务集成创新试点项目。

（3）连续入选2013—2014年度、2015—2016年度、2017—2018年度商务部电子商务示范企业。

（4）2015年5月，成为首家"大连市外贸综合服务平台"；2015年6月，成为首家"大连市外贸电商创业创新培训基地"。

（5）2015年4月，公司成为Google AdWords（搜索引擎谷歌的关键词竞价广告称为AdWords，也称为"赞助商链接"，中文俗称"谷歌右侧广告"）核心合作伙伴，将Google AdWords业务纳入国际贸易全价值链一站式服务体系中。相继在大连和沈阳建立了东北首家及规模最大的Google AdWords体验中心。凭借专业化的后备力量和全球领先的技术支持，为企业提供多元化的谷歌广告解决方案，从投放策略、方案执行、账户管理等环节全面保证用户全程尽享优质服务，帮助企业挖掘潜在客户、树立品牌知名度，准确把握外贸商机、顺利进军国际市场。

大连出口时代电子商务有限公司作为Google AdWords核心合作伙伴，具有得天独厚的资源优势和雄厚的基础实力，东北首家Google AdWords体验中心正式落户辽宁，率先抢占发展先机，为传统出口企业提供外贸营销新渠道，帮助企业掌握搜索营销领先技巧，进而为企业扬帆外贸新"蓝海"注入发展动力。

（6）2015年6月，出口时代与俄罗斯最大搜索引擎Yandex达成战略合作，成为Yandex顶级代理商，在覆盖俄罗斯、白俄罗斯、乌克兰、哈萨克斯坦等十几个俄语系国家80%以上的网络平台上为企业开拓市场。

（7）2017年，大连跨境电商综合试验区建设及跨境电商工作取得了较快发展。跨境电商业务运营模式发展到B2C、M2C、B2B三种主要业务模式并存，其中水产品出口B2B平台——大渔国际、省农委唯一指定的农产品B2B出口平台——商桥网、装备制造B2B出口平台——出口时代等三家不同类型的B2B出口平台同期上线，给大连市跨境电商出口带来放量增长。

（8）2018年2月，成为脸书在中国的代理商。

（9）2019年1月8日，在大连外事办的组织安排下，以拉美—中国国际贸易协会主席奈斯托尔·安德拉德斯为团长的阿根廷经贸代表团再次到访辽宁迈克集团出口时代，与出口时代及部分会员企业进行对接交流。同时，举行了拉美—中国国际贸易协会与出口时代战略合作签约仪式。

此次阿方来连企业希望与大连市企业在渔业合作、农产品贸易、石油与采矿技术交流与成套设备进口等领域开展深入对接。

二、外贸综合服务平台

（一）外贸综合服务平台

1. 外贸综合服务平台的含义

"外贸综合服务平台"，是指依据一般贸易进出口专业服务能力，基于互联网/IT技术，把复杂的进出口流程标准化，再把分散的进出口服务资源集约化，形成以服务为核心的全球供应链服务体系（n+1+n）。当前的服务内容主要包括：通关、物流、金融、退税四大业务板块及一些周边增值类服务。

2. 出口时代外贸综合服务平台

出口时代外贸综合服务平台是中国外贸服务创新模式的代表，也是辽宁省服务企业最多、范围最广的外贸综合服务平台。

出口时代以集约化的方式，为外贸企业提供快捷、低成本的通关、外汇、退税及配套的物流、金融服务，以电子商务的手段，解决外贸企业的服务难题。这个"一揽子"外贸服务解决方案即为"出口时代外贸综合服务"。

（二）出口时代优势

1. 专业

外贸业务的实际操作过程十分复杂，所需专业较多，从将有效询盘转化为真实订单到后续的产品出运、国际结算、收汇退税等整套流程，每个业务环节对操作者的专业经验都有着很高的要求。出口时代历经60余年所沉淀下来的专业经验，是其他类型电商企业无法复制和模仿的。

2. 专家

平台拥有一支百余人的资深外贸专业队伍，其中近40%的员工具有20年以上外贸从业经验。平台的核心业务骨干被APEC电子商务工商联盟、大连理工大学、阿里巴巴等组织和企业聘为电子商务研究专家及高级培训师。平台所拥有的进出口专业资源是其他同类服务平台所不具备的。例如，利用"As is,Where is"特殊贸易方式为国内企业低成本进口二手设备；在中美关于轴承的反倾销调查和诉讼中，公司是中国仅有的三家胜诉企业之一，公司出口到美国的轴承，享有最优惠的美国进口关税税率；由于国际社会的制裁，对伊朗的出口收汇一直极其困难，但公司通过多年业务关系可解决从伊朗收汇难的问题。

3. 专注

公司立足于发挥自己的专业和专家优势，全心全意地为中小企业提供超值服务。

4. 与多家金融机构的合作

与中国银行、中国工商银行、交通银行、中国建设银行等多家金融机构合作。

（三）外贸综合服务平台的特点和价值

1. 降低外贸门槛、简化交易流程，促进外贸发展

"外贸综合服务平台"是一个基于互联网的类公关服务平台。它提升了各国海关、税务等口岸机构直接面向中小企业的监管/服务效率，符合国际贸易组织倡导的"单一窗口"贸易便利化诉求。让买卖商家只需外包给出口时代，就可完成交付，实现"不懂进出口，也能做外贸"。这也将极大降低外贸门槛，扩大贸易范围，扩大贸易增量。这种市场化的"单一窗口"服务模式也得到国际组织的高度认同和鼓励。

2. 降低流通成本和改善交易条件，为企业发展减负

国内外贸小企业在流通环节的成本占比超过30%。从外综服务的运作模式可以看出，外综平台是"化零为整"，让小企业享受大服务，改变外贸企业由于规模小而无法获得优惠的流通服务待遇。整合订单后，对于银行、物流公司、海关等基础服务机构而言，外贸服务平台就是一个虚拟"大客户"，平台可以获得更低的成本和更高效的方式完成出口流通环节。

3. 开创"信用 + 保障"的服务，为企业带来商机

出口时代推出了"信用保障体系"，根据每家出口企业在出口时代网的基本资信、历史交易数据和其他综合信息，出口时代会为其授予相应的信用标示和保障额度（最高设为100万美元），用来为选择他们的海外买家提供采购合约保障。

4. 周边增值服务全方位助力企业发展

一家企业的良好发展，除了业务能力以外，管理能力、沟通能力、创新能力、多渠道合作等很多方面都需要综合提升。"外贸综合服务平台"也开始意识到除了为企业提供出口代理基本服务外，还可以为很多企业提供供应链周边延展的第三方服务，帮助中小微外贸企业全面提升竞争力。

三、出口时代供应链模式

出口时代平台供应链有两种模式。

一种是"1+n"模式，"1+n"中的"1"指的是供应链中的核心企业，"n"是指核心企业上下游之间的供应链成员企业。

另外一种是出口时代的"n+1+n"模式，左 n 代表国内中小企业，右 n 代表海外商家，中间的 1 是指出口时代作为两者之间的服务环节所提供的一站式服务，比如商检、税务、海关、法律、外管等政府性服务，比如银行、保险、运输等商业性服务（见图 12-2）。

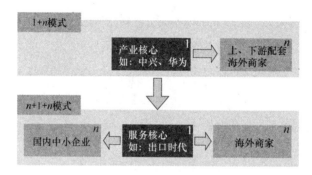

图 12-2　出口时代供应链模式

四、出口时代业务范畴

（一）海外推广服务

1. Google Ads 营销

谷歌搜索是全球第一搜索引擎，每日有超过 35 亿次的搜索；谷歌展示广告网络覆盖全球 90% 的地区，每月超过 9 亿独立移动设备；YouTube 是全球第一视频网站，是拥有 10 亿用户的视频第一平台；Email 是全球第一的邮件平台，有超过 10 亿的忠诚用户。基于以上原因，Google Ads 成为数百万家出口企业的选择。

（1）Google Ads 的优势。

1）覆盖广泛。在全球最大的搜索和网络平台上进行竞价推广。

2）定位精准。锁定目标客户群体，让潜在客户轻松找上门。

3）自主掌握。平台可以完全掌控每日的广告花销，并可以随时调整广告内容。

4）成本可控。广告展示完全免费，只有在用户对广告感兴趣并点击后，才需要付费。

（2）Google Ads 的广告方式。

1）谷歌关键字搜索广告。免费展示，点击付费。

2）谷歌展示广告。每月超过 2000 亿元、超过 200 玩家合作网站，覆盖全球 90% 的地区。

3）谷歌移动广告。走到哪，广告跟随到哪，移动广告全天候锁定客户群体。

4）谷歌视频广告。YouTube 是全球最大的视频网站，帮助平台提高品牌知名度，有效提升品牌流量的占比，而品牌流量无疑是所有流量渠道中转化最高的。

（3）Google Ads 的服务项目。

1）网站全面诊断。投放网站全球测速、浏览器兼容测试、提供网站修改建议、对网站的程序、代码提供优化建议。

2）广告方案策划。调研产品在目标国家的搜索词，根据公司实际需求制作整体上线方案、根据数据分析结果，不断实施优化策略。

3）网站全面诊断。广告投放方案、制作详细的上线方案，筛选关键词、提供高匹配度的广告文案。使用分析工具进行广告数据分析，提供专业的谷歌报告和报告分析。

4）调整广告类型。多媒体广告服务，除谷歌文字链接广告之外，免费为客户设计广告图片，协助发布视频广告、手机移动广告、图片展示广告、展示位置广告、主题营销广告、兴趣营销广告、YouTube 广告等。选择海外专业网站进行内容网络广告投放，全面优化推广账户，提升广告效果，降低点击费用。

5）持续优化方案。调整有效关键字匹配，根据有效关键字词根，扩充长尾词、增加检索量、扩大漏斗开口、提供电话回访、提供账户优化建议，提供周报、月报。

6）谷歌报表分析。推广账户的数据总结分析，账户广告时段分析，客户地理位置报告，关键词点击热度报告，网站访问数据分析，月度、季度、年度总结分析报告。

2. Spandex——俄罗斯的互联网

Spandex 每天有超过 6960 万个不重复用户拜访，俄罗斯有 89.7% 的网络用户每月至少拜访一次 Spandex，Spandex 占俄罗斯在线广告市场 59% 的份额。

（1）Spandex 的优势。

1）客户覆盖面广。全球最大的俄语网站，覆盖整个独联体国家。

2）针对性强。轻松锁定独联体目标客户，针对性强，投资回报更高。

3）按效果付费。按点击计费，没有点击不计费。免费获得海量展现，有效激发顾客购买欲，提升品牌形象。

4）自主操纵。账户掌握在自己手中，账目和关键词价格操控严格。

5）公平公正计费。Spandex 拥有世界顶级水平的防恶意点击技术。还可以控制投放时间和地点，节省开支，提高效率。

6）广告不仅在 Spandex 展示，在其他主题平台合作伙伴上也有体现，选择 Spandex 等于选择整个俄罗斯，平台每月覆盖 6000 万的用户受众。

（2）Spandex 的广告形式。

1）搜索广告。Spandex.Direct 是俄罗斯最大基于点击收费与实时竞价模型的关键字广告系统，只对平台提供的服务或产品感兴趣的用户展示广告。

2）电子商业。Spandex.Market 是俄罗斯第一大型综合网上购物比较商城。

3）横幅广告。通过俄罗斯互联网访问量最大的几个网页中简洁而有效的横幅广告吸引目标客户群体。

（3）Spandex 的服务项目。

包括熟悉俄语及当地情况的专业 Spandex 广告优化师、量身定制个性化广告方案，及时跟踪效果评估，全透明账户报告，随时提供电话服务支持，及时回复电子邮件。

3. 脸书——帮助出口企业连接全球商机

脸书在全球拥有逾 20 亿用户，是全球最大的数字平台，在重要出口国家的使用率高达98%。脸书旗下拥有多款强大的移动应用及平台，能够互相配合，打造出完善的移动应用生态系统，在业务发展的每一个阶段，都能提供非常合适的营销工具和解决方案。

（1）脸书的营销平台优势。

1）精准定位。在广泛定位的全球营销活动中，脸书的精准度高达 85%。

2）形式丰富。3 种受众定位方式，13 种广告目标，全方位提升企业影响力。

3）效果可追踪。可在网站植入追踪代码，系统自动追踪数据，助力优化效果的提升。

（2）脸书的广告形式。

1）视频广告。图文并茂，冲击力强，适用于提升品牌知名度、用户忠诚度，进行需求挖掘。链接广告吸引顾客了解产品或访问网站，添加行动号召按钮鼓励客户立即行动。

2）轮播广告。单条广告最多可展示 10 张图片，版面更大、互动性强。

3）幻灯片广告。制作简单，视觉效果好，触及低网速用户，全面覆盖新型目标市场用户。

（3）脸书的受众定位方式。

1）自定义受众。利用客户管理系统、网站、移动应用或其他来源的数据，面向已知受众投放脸书广告。

2）类似受众。将一组现有客户的名单上传至脸书。算法会自动进行相似性匹配，从而找到与源受众最为相似的优质受众。

3）标准受众。根据受众的年龄、性别、所在地区、兴趣爱好等属性刻画受众画像，面向潜在客户投放脸书广告。

（4）脸书的服务项目。

建立个性化企业主页、主页日常更新维护、量身定制企业脸书广告推广方案、精准月度报告分析、竞争对手报告分析。

4. 专业的营销型网站建设团队

出口时代平台拥有一支集前端开发、视觉设计、运营维护、测试等网站建设关键环节于一体的网站技术团队，针对期望，依托网络平台进行海外营销，获得海外订单的企业，可为其提供网站建设服务。从类型选定、网站优化、诊断修复等多方面帮助企业建立具有企业特色、功能性和实用性强的企业网站，更好地辅助企业树立品牌的国际知名度。

5. 谷歌认证的优化师团队提供全程专业服务

出口时代 GA 服务团队为客户提供全方位专业外贸搜索营销解决方案。GA 优化师团队全部通过谷歌认证的 Google AdWords 优化师考试，同时定期参加谷歌前沿产品培训，了解谷歌最新产品动态，为客户提供最优质的服务，为企业谷歌广告的解决方案和账户优化提供专业保障。针对不同企业提供定制化服务，帮助企业打造外贸"互联网+"营销模式，高效扩展海外市场，赢得国际订单。

提供的服务主要有以下内容：

（1）市场分析调研。利用专业工具，对海外市场和行业竞争情况进行分析，发掘海外市场潜在客户。

（2）网站优化整改。测试网站在海外市场的表现，并提供修改意见。同时，对网站内容进行整改，建立符合国外客户浏览标准的网站，使广告投放取得更优效果。

（3）确定主要推广产品。将客户主营产品或优势产品推往海外市场。

（4）推广国家分析。综合客户意向出口市场和谷歌大数据搜索量较高市场，确定推广国家。

（5）设定每日预算。为每日预期的展示量、点击量设置花费的最高上限，保证广告费用合理利用。

（6）选择广告类型。针对不同类型的广告网络特点，选择合适的广告类型，实现广告投放目标。

（7）设定广告关键词。选择优质、符合国外用户搜索习惯的相关关键字，并制定广告投放时间，使广告能在合适的时间向客户展示。

（8）广告语策划。策划广告文案，使广告信息丰富、内容相关并且具有吸引力。

（9）账户调整。每日根据搜索字词报告添加符合用户搜索习惯的关键字，并排除不相关的关键字。

（10）优化广告语。突出产品的与众不同，包含价格、促销优惠和独家特色，鼓励用户采取行动，不断吸引用户。

（11）账户效果监控，专业数据分析。监控账户效果，定期发送账户报表及数据分析，根据数据分析结果反馈推广改进意见，帮助客户提升广告营销质量。

（12）服务支持。发挥本地化服务优势，定期与客户进行账户上的沟通与交流。提供电话服务支持，1个工作日内回复电子邮件，以及进行定期回访沟通。

（二）外贸综合业务服务

出口时代以有竞争力的价格为中小企业提供常规外贸流程的一站式服务，同时提供订单项下的退税垫付和信用证买断等贸易融资服务，并免费帮助企业审核单证、制作单证。

1. 出运通：受托为中小企业代理完成报关、报检、运输、保险等进出口服务

（1）报关报检。

出口时代提供合同项下货物的报关报检专业服务，并根据需要缮制合同项下货物相关出口单据，包括报关/报检委托书、报关单、商业发票、装箱单、订舱单、出口合同、原产地证及优惠产地证、使馆认证的各项材料、专业机构提供的相关证明等。

（2）物流运输。

出口时代提供合同项下货物出运所需的租船、订舱、海运保险、港杂等相关的一系列服务，并把关货物装箱及国内运输安全，保证货物保质保量按时到达目的港。

2. 结算通：跨境结算，配单核销，高效退税

（1）国际结算。

国际结算系列、国际贸易融资系列、结售汇和外汇买卖系列、个性化解决方案系列。

（2）收汇核销。

提供合同项下所有款项的银行收汇、申报及核销服务。出口时代专业结算团队，为客户提供各种跨境结算服务，解决中小企业与银行对接门槛的障碍，简化业务流程。每单业务一经收汇，出口时代人员必定及时配单核销，保障按时、有序进入退税环节。

（3）出口退税。

出口时代外贸团队精通产品出口退税政策及相关申报程序，为供应商提供合同项下货物的出口退税申报服务。出口时代拥有详细的出口退税单证管理办法，对业务、储运、财务、单证等责任部门（人）的工作职责和权限、退税单据传递流程时限等均进行严格规范，形成一个协同退税的有机整体，保证效率。

3. 融资通：破解企业资金难题

（1）信用证（L/C）买断：买断信用证款项，规避客户的收汇风险。

出口时代可向出口收信用证的客户提供信用证款买断服务。在此期间，出口时代帮助客户操作信用证，免费提供审证、制单、审单等信用证服务。

（2）退税垫付：快速回笼资金，加快资金周转速度，增加企业当期的现金流入量。

在国税局支付退税款前，出口时代可提供退税垫付服务，企业可以提前得到资金，加快资金周转速度，从而改善财务状况。

（3）外汇保值：锁定汇率，规避远期外汇波动风险。

出口时代可接受中小企业的委托与银行签订远期结售汇协议，约定未来结汇或售汇的外汇币种、金额、期限与汇率，到期时按照该协议订明的币种、金额、汇率办理，锁定汇率，规避远期外汇波动风险。

（4）赊销（O/A）买断：迅速回笼资金，扩大客户接单能力，化危机为商机。

在买方出具验货报告，出口时代为直接收款人的条件下，出口时代可买断供应商应收款，替供应商规避收汇风险，减少资金占压，提前获得资金，扩大接单能力，帮助供应商分担收汇风险。

4. 培训通：为企业孵化人才

（1）线下活动。

定期或不定期地组织举办大型现场经验交流活动，通过互动让中小企业有机会接触更多的成功外贸网商以及技术专家，共同分享经验、整合资源、建立关系。

（2）外贸培训。

聘请具有多年外贸实战经验的一线业务人员、外贸电商资深人士为企业解说店铺运营的关键所在，正确判断询盘有效性和回复技巧以及提供如何快速成交等海量专业培训内容。

出口时代目前与各大知名高校进行合作，开设电子商务实战案例类课程，通过实战案例培养高校人才，可介绍优秀人才到企业实习，为企业输送外贸中坚力量。

5. 洽谈通：将询盘转化为订单，构建深度解决方案

（1）项目跟踪。

指导项目跟踪过程中的公关活动（对外沟通）并提供深度解决方案，辅导和协助理解订单所涉及的关键性技术问题，破解难点，全程项目跟踪，确保顺利生产出符合采购商要求的产品。

（2）商务谈判。

提供相应的商务谈判服务，包括前期情报资料搜集、谈判形势分析、评估对方可能提出的和接受的条件，并结合具体情况和国际市场行情的发展趋势，制定妥善谈判方案。

（3）买家资信调查。

调查内容包括买家的企业注册人、组织结构、主营业务、企业的注册资本、财产以及资产负债情况、经营作风、履约信誉，以及买家所处国家的政治社会形势、贸易政策、近期经济状况、语言、文化等。

（4）合同/订单签订。

提供合同/订单条款及技术规范的草拟，并代理对外签署销售合同/订单。充分利用完善的国际贸易保险体系，将可预测的风险用较低的代价转移。

（5）商务翻译。

提供技术、商务方面的资料翻译服务，包含英语、法语、日语、德语、西班牙语、俄语等十几种语言的互译。

6. 参展通：参展策略制定专家

（1）展会顾问。

根据企业的产品类型和目标市场等实际情况，为企业推荐最适合参加的国际展会，并协助申请展位及享受中小企业参展优惠政策。

（2）展位设计。

为参展企业打造专属展位空间，将从空间及平面构思、文案撰写、视觉设计等方面为参展企业进行全方位、立体化的视觉打造。

（3）商机分析。

帮助企业收集采购商的反馈与意见，分析采购意向。提前调研展会中的其他同类企业及产品，搜集宝贵的市场情报。

（4）出国签证。

提供出国签证咨询以及办理、国外酒店预订、出行安排等一站式服务。

7. 仓储通：提供各类产品的贮藏空间及高效配送服务

出口时代拥有大型仓库场地，仓储总面积为 6.7 万平方米，库房总面积为 2.6 万平方米，其中最大的一座库房面积近万平方米。出口时代通过对仓库场地的专业规划，采用科学分割方式，对不同品类商品进行分区存储，根据不同需求设置货架，通过划分区域分仓运作，在有序储存保管货物的同时，提高配送时效，为客户降低物流成本。库内装有现代吊装设施，配备先进的仓储管理系统，具有储存装卸大件设备的优势和能力。

8. 认证通：协助客户顺利通过各项认证

出口时代经多年一线经验积累，全面了解了各项国际认证中规定的检测项目及标准，专业提供各类国际认证咨询、认证申请、材料准备、认证机构联络沟通，协助客户顺利通过各项认证。

9. 数据通：解析外贸形势，预知最新商机

出口时代的专业技术研发团队长期致力于外贸数据深挖掘领域的研究，对海关出口数据以及出口时代自有客户业务管理平台所产生的海量外贸业务数据，进行数据整合、数据清洗、分析模板建立和分析报表制作，提高数据应用的效率和效果，以科学的数据分析和直观易懂的专业报告，帮助客户全面解析行业外贸形势，预知行业最新商机。出口时代凭借庞大的动态贸易数据库资源和良好的用户体验，为企业提供以下服务：

（1）产品及行业趋势报告。

报告以海关出口数据和出口时代自有客户业务管理平台所产生的海量外贸业务数据为依据，分析内容包括客户指定产品销往的国家、每单交易数量及单价、出货口岸、生产地区、产品价格行情及趋势、出口量变化曲线以及产品所属行业的整体趋势分析等，有利于协助企业了解特定产品的市场供需趋势，分析潜在目标市场，同时指导企业对产品进行科学定价，在争取利润的同时，制订具有竞争优势的报价单，从而争取更多商业机会。

（2）重点市场调研报告。

出口时代将根据用户的要求，就某一个或几个重点地区及国家进行跟踪分析，包括其政治经济文化、时事动态、特定产品进出口情况、进口政策、特定产品质量检验标准、本地市场的产品供需情况以及潜在需求分析、该市场重点可挖掘的目标客户企业名单等，最终的报告将成为企业市场战略布局的有力依据。

（三）跨境平台服务

出口时代是一个 B2B 多渠道的国际贸易平台，旨在为国内各行业外贸型企业服务，为专业买家提供采购信息，并为供货商提供综合的市场推广服务。

出口时代的目标是提供最多及最有效的市场推广途径并协助供货商推销产品给全球 150 个国家和地区。将 24 万个产品信息及超过 6 万名供货商信息传递给出口时代的买家社群。

1. 平台特点

（1）覆盖全国大部分地区的供应商，整合 B2B 出口推广服务。

出口时代网覆盖了包括东北地区在内的全国范围内的供应商，与全国多家知名制造商展开合作，是国内企业走向海外市场的优选平台。通过邮件营销、搜索营销（谷歌、Bing、Yahoo 等）、社交媒体（脸书、领英、推特等）、展示广告、新闻媒体等整合多渠道进行线上推广，帮助国内供应商接触全球的活跃买家，挖掘交易机会，促进询盘转化。

（2）面向全球新兴市场的采购商。

出口时代着力打造面向全球新兴市场为主的采购客户，规划"金砖国家"、东盟、拉美、中东地区的采购商群体，帮助国内用户更高效、快捷地找到意向采购用户，促进了国内供应商与其他新兴经济体采购商之间的贸易直通，拉近了中国与其他新兴经济体之间的贸易往来。

（3）从线上推广到线下出口的一站式服务。

出口时代集 60 余年的外贸和近 20 年的电子商务经验，集高度专业化的队伍与专业资源，推出了"线上推广＋线下外贸"综合业务一站式服务，帮助广大中小企业无障碍、高效率、低成本地开展国际贸易。

（4）免费开店，高质量询盘推荐。

企业用户在出口时代建立店铺成为出口时代会员后，平台会推荐高质量相关行业采购询盘，帮助用户以最低成本拿到海外订单。

2. 开店流程

注册成为平台用户——进入后台建立店铺——上传产品和公司信息——平台进行资质审核——开店成功。

3. 设备时代

设备时代是出口时代另一个专注于机械设备、工业品的跨境贸易平台，为机械工业行业的外贸企业提供电子商务平台服务。

设备时代分为四个语言版本，包含英文版、俄文版、西班牙文版以及中文版等，不同的语言版本针对不同的市场地区，支持广大企业在全球不同市场高效开拓业务。

（四）校企培训服务

出口时代作为大连市首家外贸电商创业创新培训基地，自成立以来，在大连市政府、商务局、人社局等相关部门的大力支持与帮助下，不断探索应用型人才培养模式，与大连海洋大学、东北财经大学、大连理工大学、大连工业大学等高校建立了长久务实的合作关系，逐渐成为全市乃至全东北跨境电子商务专业人才的"储备库"。

（1）大连理工大学。"2017 年大连自贸区建设高端人才示范培训班"于 2017 年 4 月 18 日至 19 日在大连理工大学成功举办。出口时代与人社局、人才服务中心、大连理工大学联手推出自贸区人才培训班，希望通过此次培训搭建起贸易领域"朋友圈"，帮助企业更好地参与到自贸区建设当中。之后，根据学员反馈意见，出口时代还将不断推出更多定制化的高端培训项目。

（2）东北财经大学。出口时代与东北财经大学国际经济贸易学院合作开展"2016 年国际商务硕士跨境电商实训"，实训内容以出口时代国际贸易全价值链的一站式服务为主线，集电子商务理论、Google AdWords 等国际互联网工具海外推广、个人职场素质讲座、订单实战演练于一体，并且聘请与跨境电商相关的企事业单位职场精英作为培训导师，通过学习，学生能够充分理解、掌握国际贸易和跨境电商专业技巧，提升自身的职业素养。

校企合作提供了一种新的、更接近实践的教学方式。通过这次实训，让学生置身于未来的生活环境，提前适应、感受，并将所学知识、能力、品质运用到实际操作中，为学生未来走向社会打下良好的基础。

（3）大连海洋大学。2016 年 1 月 14 日，出口时代与大连海洋大学共建"跨境电子商务人联合培养基地"，启动仪式在大连海洋大学顺利召开。出口时代与大连海洋大学的师生共同在应用型人才的培养上不断探索创新，打造全东北首家引入 Google AdWords、Link、Spandex 课程内容的高校跨境电商人才孵化基地，为学生提供集培训、创业等于一体的平台，为学院人才培养模式改革提供更多帮助。

与大连海洋大学合作，是出口时代积极响应国家及省政府应用型人才培养政策，履行国家电子商务示范企业、大连市外贸电商创业创新培训基地、大连市外贸综合服务平台职责的又一重要举措。大连海洋大学将以本次合作项目为基础，向省教育厅申请全国首个"创业创新专业"，与出口时代一同将东北地区创新人才培养体系的建设推向新高。

五、出口时代业务内容

（一）出口时代外贸服务的内容

外贸服务包括出口综合服务和出口代理服务。

1. 出口综合服务准入条件

（1）可与出口时代签约合作的企业类型：注册地非境外、个人或非出口综合服务尚未覆盖地区企业。

（2）按照国家规定允许出口的产品范围内。

（3）开票人资质需符合以下要求：

1）与出口时代签约的企业注册地在辽宁省的，开票人要求为：

① 生产型工厂，具有一般纳税人资格且一般纳税人认定时间大于等于6个月。

② 委外加工型企业，需具有一般纳税人工厂资格、具备出口产品的生产线、具备最后加工的环节。

2）与出口时代签约企业注册地在其他省份的，开票人要求为：生产型工厂，具有一般纳税人资格，一般纳税人认定时间大于等于2年。

2. 出口代理服务准入条件

（1）非境外企业。

（2）非国家法律规定禁止操作生产企业。

（3）针对辽宁省内企业，出口代理服务免收服务费；出口环节（通关、物流）费用按照实际操作过程中发生的费用收取。

3. 出口综合服务流程

确定合作——→通关——→结汇——→退税。

4. 出口代理服务流程

出口时代审核企业资质——→下单——→报关出口——→收结汇——→退（免）税申报——→外贸综合服务（融资）——→结算。

（二）出口时代融资服务的内容

出口时代融资服务包括信用证融资服务、垫付退税服务和锁汇服务。

1. 信用证融资服务

信用证融资服务是出口时代针对信用证交易中出口企业面临的主要问题推出的综合金融服务。服务涵盖信用证基础服务、信用证买断服务、信用证不买断三大服务模块，可按需灵活选择。任何涉及信用证交易的客户，均可使用。

信用证基础服务：提供专业免费的审证审单、专业制单、交单收汇服务。

信用证买断服务：最高支付 100% 信用证款项（单据相符），买断收汇风险，快速回笼资金，累积买断额度最高可达 1000 万人民币。

信用证不买断服务：最高垫付 80% 应收货款，分担企业资金压力。融资利率低至 0.026%/ 天。

（1）通过出口时代操作信用证需满足的条件。

1）客户必须已经通过出口时代完成一笔完整的通关业务。

2）次单满足出口时代业务合作要求（即完成通关产品预审和开票人预审）。

（2）申请信用证买断需要满足的条件。

1）收到以出口时代为第一受益人的信用证正本。

2）信用证条款通过出口时代审核。

3）单据无不符点。

4）开证国家为信保评级 D1（含）以上的国家且开证国家和开证银行未在出口时代不接受的国家和银行名单之内，可提供最高 100% 交单金额的信用证买断服务。

5）对于不完全符合上述买断前提条件的，经开证行承兑后，可以申请买断。

（3）申请信用证融资不买断需要满足的条件。

1）收到以出口时代为第一受益人的信用证正本。

2）信用证条款通过出口时代审核。

3）开证国家和开证银行未在出口时代不接受的国家和银行名单之内。

4）申请信用证融资不买断，经出口时代审核同意后，可提供最高 80% 交单金额的信用证融资不买断服务。

（4）信用证融资操作流程。

1）信用证草稿审核。供应商与开证申请人确定开证条款后，将信用证草稿件提交出口时代审核。

2）开立信用证正本。联系开证申请人，按审核修改后的信用证草稿开立正式信用证。

3）正本认领，确认融资需求。信用证正本开出后，供应商自行联系外贸服务顾问进行正本认领，同时向出口时代明确此份信用证融资需求。

4）生产备货，安排报关与物流。按信用证要求在规定时间操作报关出口及物流工作。

5）提交交单单据及融资申请。按照信用证要求提交全套交单单据后，提交信用证买断或融资不买断申请。

6）融资申请审批。融资申请经出口时代审批通过，扣除相关利息和费用后，退款到供应商指定的对公账户。

7）收汇并结算。收回后结清所有费用，多退少补。

2. 垫付退税服务

垫付退税服务是指供应商与海外买家进行外贸业务合作时，出口时代对出口企业提前垫付退税款，增加企业资金流动速度。垫付退税服务的优势是能够快速融资，发货后收到所有出口单据3个工作日内最高100%退税融资款到账。

（1）垫付退税业务流程。

1）提交申请。与业务人员联系完成相关资料的填写。

2）服务协议签订。资料预审，预审通过后进行基础服务协议的签署。

3）资信审核。客户必须已经通过出口时代完成一笔完整的通关业务，有相应的数据信息和资信累计。

4）签署三方协议。与买家、出口时代签署《服务协议》等相关文件。

5）买卖家审核。进行金融准入审核，确保无历史违约记录。

6）发货。备货并按照约定时间发货。

7）收融资款。提交发货全套单据后3个工作日内获得全额退税融资款。

（2）垫付退税费用。

基础服务费：2014年5月1日起新客户享受退税款1%基础服务费（远低于其他平台）。

3. 锁汇服务——锁汇保

锁汇保是指与银行签订锁汇协议，约定将来办理结汇或售汇的外汇币种、金额、汇率及交割日期，到约定交割日当天，根据协议约定的汇率向银行办理结汇或售汇。换言之，就是锁定汇价在前、实际交割在后的结售汇业务。

（1）锁汇保的优势。

低门槛，单笔20 000美元起；5分钟快速锁定，高效便捷；分批分期结汇，锁定方便；优势报价，免费锁定，无忧保值。

（2）锁汇保的操作流程。

1）签约。客户与出口时代签订《远期结售汇委托协议》。

2）锁定汇率。客户下单出口后，向外汇专员申请锁定汇率，生成合约并缴纳保证金（可申请减免保证金）。

3）合约到期。收到买家外汇且锁定合约到期。

4）结汇。按锁定汇率结汇，释放保证金。

（三）出口时代物流服务

（1）海运（见图12-3）。

（2）国际快递。出口时代与 FedEx、DHL、UPS、TNT、EMS、TOLL 等国际知名快递品牌公司合作，在客户完成下单支付后，提供快递公司上门取件服务。北美平均 3 个工作日投递，支持全国 36 个城市上门取件服务，航线覆盖 200 多个目的国。目前，支持上门取件的国际快递服务商有 UPS 和 FedEx。

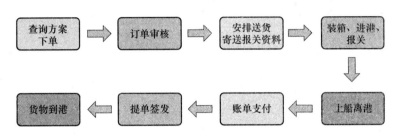

图 12-3　海运拼箱（仓到仓）服务操作流程

（3）国际空运。出口时代与全球优质空运服务商合作，提供在线查看空运运费、在线比价、在线下单的服务。

目前，提供空运服务的服务商分为两种。

一是全球 TOP 空运服务商。如：DHL Global Forwarding（敦豪全球货运）。DHL Global Forwarding 是有 200 年历史的德国邮政（Deutsche Post DHL）三大业务之一，是世界排名第一的空运服务商，也是供应链解决方案方面的领导品牌。目前，其网点遍布全球 220 个国家和地区，旨在提供一站式的物流服务，如 Kuehne & Nagel（德迅）。德迅公司是一家全球领先的物流供应商，能够为客户提供全面的供应链解决方案，从而使客户拥有更强的竞争优势。在过去的 125 年里，德迅从一个传统的国际货运代理公司发展成了一个全球供应链解决方案的提供者。

二是国内如中海环球货运有限公司、北京民航鹏远航空服务公司、港中旅华贸国际物流股份有限公司等 10 家优质空运服务商。

可空运的货物包括特殊物品如液体、粉末、化工品等，需要出具化工研究院的证明；含有磁性的物品需要做磁检，超过航空公司要求的磁性范围的，不能运输；法律禁止的货物，不得空运；法律限定的货物，需办理手续后才能空运；会对航班安全造成威胁的危险品也不得空运。

另外，空运货物的运输都需要出具非危保函；发货前，要根据货物性质及重量、运输环境条件和承运人的要求，采用适当的内、外包装材料和包装形式，妥善包装。精密、易碎、怕震、怕压、不可倒置的货物，必须有相适应的防止货物损坏的包装措施。

（四）出口时代其他服务

1. 平台信息展示服务

可以登录到出口时代平台 Http://exportation.com，然后点 "Join Free" 进行注册。

2. 海外网络营销服务：量身定制海外网络营销整体解决方案

平台不断整合国际一流的大数据营销资源，与谷歌和 Spandex 达成战略合作，成为其核心合作伙伴，并建立了东北首家 Google AdWords 体验中心，帮助中小企业掌握营销渠道，创建自主品牌，提升品牌的国际竞争力。

3. 展会服务：以平台为依托，整体打包参展，轻松搞定

平台不断整合资源，现已与韩国贸易馆、中国台湾贸易馆等机构建立了战略合作关系，并以依托平台整体参展的形式，将广大会员企业的产品带入展会参展。同时，平台编制优质会员企业名录，在展会和重大商务场合发放，帮助会员企业顺利开拓国际市场。

4. 培训服务：以市场为导向，校企携手共创共享

目前，出口时代平台已与包括大连理工大学、东北财经大学、大连工业大学、大连海洋大学、大连民族大学等在内的高校建立了长久务实的合作关系，成为辽宁省校企合作的典范。

5. 团队建设服务：实战式教学，解决企业外贸团队建设难题

2016 年，出口时代将坚持贯彻落实跨境电子商务发展方针政策，进一步贴近整体产业升级和中小微企业的现实需求，将发展与国际一流资源的交流合作和解决企业资金难题作为工作重心，落实国家"一带一路"倡议，通过谷歌、Spandex、领英等国际领先的海外数字营销方式，不断创新服务模式、释放潜力，为广大企业、产品提升品牌的国际竞争力，走入国际市场搭建桥梁，从而打造大连乃至全东北地区外贸竞争新优势、塑造外贸竞争新引擎。

启发性思考题

1. 出口时代是如何进行海外推广营销的？
2. 出口时代对于大连自贸区和跨境电商试验区建设有哪些重要作用？
3. 出口时代业务内容主要有哪些？
4. 出口时代是如何与高校合作，实现校企合作、产教融合的？
5. 未来，出口时代的发展趋势是什么？

参考文献

[1] 邓玉新. 跨境电商：理论、操作与实务 [M]. 北京：人民邮电出版社，2017.

[2] 邓志超，崔慧勇，莫川川. 跨境电商基础与实务 [M]. 北京：人民邮电出版社，2017.

[3] 马述忠，卢传胜，丁红朝，等. 跨境电商理论与实务 [M]. 杭州：浙江大学出版社，2018.

[4] 肖旭. 跨境电商实务 [M]. 2 版. 北京：中国人民大学出版社，2018.

[5] 张瑞夫. 跨境电子商务理论与实务 [M]. 北京：中国财政经济出版社，2017.

[6] 孙东亮. 跨境电子商务 [M]. 北京：北京邮电大学出版社，2018.

[7] 陈战胜，卢伟，邹益民. 跨境电子商务多平台操作实务 [M]. 北京：人民邮电出版社，2018.

[8] 速卖通大学. 跨境电商——阿里巴巴速卖通宝典 [M]. 2 版. 北京：电子工业出版社，2015.

[9] 纵雨果. 亚马逊跨境电商运营从入门到精通 [M]. 北京：电子工业出版社，2018.

[10] 井然哲. 跨境电商运营与案例 [M]. 北京：电子工业出版社，2018.